# 時を超える予言

## ③ 近未来予測編

ゴードン・マイケル・スキャリオン
金原博昭 訳・解説

# まえがきに代えて

金原　博昭

まず初めに、本シリーズの原著者であるゴードン・マイケル・スキャリオン氏およびシンシア・キース氏をご紹介します。

ゴードン・マイケル・スキャリオン氏は、高次の意識（超意識）に繋がる能力が覚醒し発動した1982年以降、数え切れないほど多くのテーマ……将来の動向、アトランティス、輪廻転生《りんねてんしょう》、カルマ、魂のグループ、代替治療、人生の目的等々について、直感に基づく洞察を得ており、それを全世界の人々に提供してきました。また、スキャリオン氏は“Future Map of the World（世界の未来地図）”の作成者であり、これまでに数多くの形而上学《けいじじょうがく》分野のセミナーやワークショップを主宰してきました。

現在スキャリオン氏は、彼の配偶者兼パートナーであるシンシア・キース氏とともに米国ニューハンプシャー州の丘陵地に居住しています。これまで、形而上学分野の研究結果を本およびオンライン情報誌を含む種々の情報媒体でもって出版すると共に、全国ネットのテレビ番組やラジオ番組にも幾度となく出演してきましたが、数年前にこれらの啓蒙活動から引退されました。

シンシア・キース氏は前述のオンライン情報誌の共同執筆者であり、ＤＶＤプログラム“The Mandala Experience（マンダラ体験）”の創作者です。このプログラムには、直観力やくつろぎ状態を高めるための誘導心象や古代楽器による音楽が含まれています。キース氏はまた、健康・癒し・形而上学について、数多くの記事を執筆しています。

スキャリオン氏以外にも、このような特別の能力に恵まれて与えられた使命・役割を果たしている人はいましたし、私が知っているだけでも数名の能力者が、今も現役で活躍しています。しかし、特にスキャリオン氏の業績は、情報の有用性・信頼性という面で高く評価されているのです。

これらの能力者は、ほとんどすべて、自分を催眠状態に導くことで自分自身の高い意識（超意識）に到達し、そこから高次の情報を取り出しています。基本的にこれは「記録を読むこと」に相当するので、一般的にReading（リーディング）と呼ばれていますが、スキャリオン氏の場合は、彼が「導師たち」と呼ぶ存在を含むさまざまな高次元の情報源から情報を得ています。

スキャリオン氏から提供される形而上学的情報には、大きく分けて二種類あります。一つは私たちの毎日の生活に即応用できる実用的なもの、もう一つは、宇宙や大自然・超古代文明・タイムトラベル等に関する私たちの知的好奇心・知識欲を満足させ、知的レベルを引き上げるものです。

一方翻訳、および解説をさせていただく私、金原博昭《きんぱらひろあき》は、大学を卒業後、米国に本社のある多国籍複合企業ＴＲＷ（事業分野は18年ほど前まで宇宙開発・自動車部品・航空機部品等、現在は自動車部品のみ）に35年間在籍し、主として企画・営業に従事してきました。

現在は鎌倉に在住し、数学および神聖幾何学を含む超古代科学の研究、タロット・カバラーの学習と実践等に傾注するとともに、オリオン形而上学研究所（http://www.orion-metaphysics.com）を主宰し、月刊情報誌『ザ・フナイ』に連載記事を寄稿する等形而上学分野の書籍の翻訳や情報の発信等に専心しています。

スキャリオン氏による形而上学分野の啓蒙活動について初めて知ったのは、２００５年頃のことでした。すぐに会員になってニュースレターを購読しようとしたのですが、当時は海外送金をするのが今ほど簡単ではなかったため、会費の支払いに苦労しました。結局、郵便局から定額小為替（定額小為替証書）を購入してアメリカに送ることにより、やっと会員になることができたのでした。

初めてスキャリオン氏の著書“Notes from the Cosmos”やニュースレターに目を通したとき、その内容の素晴らしさおよび英語の分かりやすさに新鮮な感動を覚えたことを、今でもはっきりと覚えています。前述のとおり、スキャリオン氏は数年前に啓蒙活動から引退されましたが、今でもスキャリオン氏夫妻との交流は続いています。

さて、本シリーズ『時を超える予言』では、スキャリオン氏、およびキース氏からの情報を

1　超古代文明や地球外からの訪問者、および、私たちの通常の認識を超えた「同時存在の異なる現実世界」のような情報をまとめた『未知なる世界編』

2　人生の目的や輪廻転生、カルマの仕組み、自然界の宝石や色彩の持つパワーといった私たち一人一人の人生に役立つ情報を提供する『人生への活用編』

3　予見された地球の大変動、そしてその後に訪れる「平和と光の千年紀」を詳細に説明する『近未来予測編』

という3つのパートに分けて、じっくりとお伝えしていきます。

大きな時代の変化の中を生きる私たちにとって、示唆に富み大変有益な情報となっておりますので、どうぞ心ゆくまで情報をお楽しみいただき、ご活用いただけましたら幸いです。

# まえがきに代えて

# 第1章

# 青い光線の子供たち

## 【解説】微かなエネルギーの恩恵

『近未来予測編』の最初のテーマは『青い光線の子供たち』です。

彼らは先駆者であり、次の根幹人種のための地ならしをする目的で地球に転生して来ています。この『子供たち』という表現は、『大人に対しての子供』を意味するわけではありません。人間はすべて神の子供なのですから――。

ゴードン・マイケル・スキャリオン氏がこのテーマの記事を執筆したとき、大挙して地球に転生し始めていたそのような魂たちは、スキャリオン氏から見てちょうど子供の年齢だったのです。彼らは主として1950年代から地球に流入し始めました。ということは、これまでに、このグループに属するかなりの数の魂が地球に転生し、活動していることになります。

青い光線の子供たちに関しては、『未知なる世界編』第1章の『火星の超古代文明』の中でも言及されています。スキャリオン氏によれば、今からおおよそ1800万年前の火星には、極めて高度なテクノロジーに基づく文明を謳歌《おうか》している巨人タイプの人間型生物が存在していました。内乱により火星の表面が壊滅したため、ほとんどは根絶やしになりましたが、一部の人々は、魂を投射することによって地球に転生したのです。

彼らの大部分はレムリアの時代にやってきました。『人生への活用編』最終章の解説でお話ししたように、レムリア文明は地球に二度存在しました。火星からの魂は、このうちの最初のレムリアの時代に地球に転生したのです。彼らは現在、青い光線の子供たちのグループの一部として地球に帰還しつつあります。


さて、スキャリオン氏は、本シリーズにおいて何度か『微《かす》かなエネルギー』について言及してきました。今回はそれについて、さらに詳しくご説明したいと思います。

スキャリオン氏は、彼の配偶者兼仕事上のパートナーであるシンシア・キース氏とともに、これまで形而上学分野のセミナーやワークショップを数多く実施してきました。そしてそれらにより、「病気には心・感情を含む形而上学的要素が深く係わっている」ということが確認され実証されました。

実のところ、私たちが科学と呼んでいる学問分野の研究も同じ結論を出しています。ニューヨーク・タイムズ社発行の科学雑誌（２０１４年10月26日付）の記事“The Thought That Counts（思考の重要性）”にその具体的な事例が報告されています。それは１９８１年に心理学者エレン・ランガー博士によって行われた実験に関するものであり、ランガー博士はその結果を次のように述べています。

8人の高齢者が、まるですべてが22年前であるかのように見える家の中で住むことに同意しました。この家はそれが可能になるように設計され建てられたのです。その目的は、彼らを22年前の若くて活力のある状態に戻すことでした。彼らが見るテレビ番組や映画も当時人気のあったものにしてあり、彼らが読む新聞・雑誌等も当時発行されたものでした。その家には鏡がなく、彼らの写真も最近のものではなく、22年前に撮られたものだけが置かれていました。そして、彼らはあたかも1959年（22年前）に生きているかのように、また、その頃の若い自分であるかのように振る舞うことを要請されたのです。

その実験は5日間にわたって実施されました。その実験の前、被験者たちは事前に一連のテストを受けましたが、それには、器用さ・機敏さ・柔軟性・聴力・視力・記憶力・認知力等の測定が含まれていました。上記の実験の後にも再度同じテストがなされたのですが、その結果は驚くべきものでした。柔軟性や手先の器用さが増し、座る際の姿勢が良くなり、視力も改善されました。さらに、実験と全く無関係に選ばれた判定者たちが、彼らが実験前よりも若く見える、と判断したのです。これについてのランガー博士の見解は、「22年前の世界で生活するという実験課題によって被験者の心がその時代に戻り、身体もそれに従った」というものです。

この実験は“The Young Ones（若い人々）”というBBCのテレビ番組において

２０１０年に再現され、かつて著名人だった高齢者６人が被験者となって１週間にわたって行われました。驚いたことにランガー博士による１９８１年の実験と同じく、実験後、一見して彼らは若返っていました。

ランガー博士は、彼女のキャリア全体を通して２００件にも及ぶ研究を実施し、それらすべてを報告書にまとめました。

その中の一つに飛行シミュレーターに基づく実験があります。二つのグループに分かれた被験者たちは、飛行シミュレーターに入るように要請されました。一つのグループは「シミュレーターは壊れているけれども、あたかも飛行機を操縦しているかのように振る舞うことはできる」と告げられました。一方、もう一つのグループは飛行服を着て模擬飛行をするように要請されました。実験後、被験者たちは視力試験を受けましたが、実際に模擬操縦装置を動かした被験者たちの視力は、単にそのふりをしただけの被験者たちに比べて40パーセントも高い、という結果が出たのです。

「私たち人間は、固定された考え方を変えることにより、当然のことと思われている物理的制約を無効にすることができる」とランガー博士は確信していましたが、この実験によりそれを実証したのです。しかし、どのようにそれが可能になったのでしょうか？

その答えは形而上学にある、というのがスキャリオン氏およびキース氏の意見です。この記事の冒頭でも述べましたが、スキャリオン夫妻はセミナーやワークショップを数多く実施し、その中で、太陽と地球の間で交換されている微かなエネルギーの存在について繰り返し説明しました。

地球上の生命体はすべてそのエネルギー交換の真っただ中にいますので、無意識的にそれを受け取っています。もし何も制約がなければ、その微かなエネルギーは、私たちの体を通ってチャクラを活性化し、それらを均衡のとれた状態にしてくれます。そしてチャクラは、そのエネルギーを内分秘腺に供給し、常に私たちを健康な状態に保ってくれるのです。

微かなエネルギーは食物からも摂取できますが、それらの食物は、農薬・除草剤および遺伝子組み換え技術を使うことなく、適切に生育・飼育されていなければなりません。なぜなら、これらはすべて太陽・地球間の自然なエネルギーの流れを阻害するからです。この微かなエネルギーは、私たち自身の心や感情の状態によって左右され、制限されてしまいます。恐怖・失望・絶望・落胆・あきらめ等の感情は、その流れを制限してしまうのです。もしそうなってしまえば、微かなエネルギーの恩恵を充分に受けることができません。

ランガー博士の実験において被験者たちが置かれた状況は、あたかも彼ら自身が自分たちの全盛期であるかのように思い始めるものでした。そのため彼らは、「通常は不可能と思われている物事が実際は可能である」と信じ始めたのです。彼らはより前向きになり、自分たちがより有能な人間であると思い始めました。このような楽観的な考え方だけでも微かなエネルギーを体内に取り込むための通路を開くのに充分なのです。

しかし、微かなエネルギーの活用は、ランガー博士の実験に参加しなくても可能です。毎日わずか数分間でよいのですが、太陽・地球間で交換されているエネルギーが私たちの体内を流れている様子を心に思い描く――そのような習慣を身に付けるだけで良いのです。ある種の音楽にも同じ効果があります。

また、時には海辺で時間を過ごすこと、森の中を散策すること、あるいは子供たちと一緒に遊ぶことでさえ、日々の苦労や心配事からの小休止を私たちに与えてくれます。それによって私たちのチャクラが開き、私たちが必要とする太陽・地球の癒しのエネルギーを受け取ることが可能になるのです。

話を戻して、青い光線の魂たちは、前述のとおり1950年代から大挙して地球に転生し始めました。21世紀になってから20年が過ぎた現在、おそらくはすでに数十万以上の魂たちが地球に来ていて、その大部分は成人し、米国のみならず世界各国で重要な役割を担っているものと思われます。

読者の皆さんは『インディゴ・チルドレン』という言葉をご存知ですか？　インターネットで検索すると沢山の記事情報にヒットすると思います。

これは、共感覚※を持つ超心理学者ナンシー・アン・タピー氏によって1970年代に名付けられた言葉です。インディゴとは藍色のことなので、インディゴ・チルドレンは『藍色光線の子供たち』を意味するのですが、一般的には『特別で変わった特徴を持ち、時には超自然的な能力を示す子供たち』を指すと言われています。

本章のスキャリオン氏とキース氏によって行われた質疑応答セッションの後半部分で、キース氏は青い光線の子供たち（ブルーレイ・チルドレン）とインディゴ・チルドレンの違いについて質問をしています。

スキャリオン氏によれば、彼らは青い光線の子供たちの先駆者であり、青い光線の子供たちの地球への転生を可能にする諸条件や、そのような機会をもたらす枠組みを構築しました。青い光線の子供たちは次の根幹人種の親になるのですが、藍色光線の人々は彼らの祖父母に相当するのです。また、藍色光線のグループは、数多くの人々に救いの手を差し伸べるとともに、彼らに大きな影響を与える存在になるのだそうです。

ところで、本章での質疑応答セッションの前半部分には、下記のような説明があります。

「我々の見るところ、彼ら（青い光線の子供たち）の仕事はまだ極めて初期の段階に過ぎません。とは言え、これは大雑把な説明です。なぜなら、彼らは先駆者であり、彼らの未来には厳しい試練を伴う浄化があるからです。彼らは『導き手である大師（キリスト）の再臨および大いなる覚醒』がこの惑星で起きるための地ならしをします」。

スキャリオン氏はまた、その後半部分において次のようにも述べています。

「間もなく地球は、これまでとは違う振動数で鼓動し脈動するようになります。異なる振動エネルギーを帯びるため、そのパイロット周波数（シューマン共振に基づく周波数）も変わり、別の倍音レベルに移行します。現在の周期率の2倍以上になるのです」。

これらの説明は地球の大変動に言及したものです。皆さんは、最近の気候が異様なほど異常になっていることに気付いておられると思います。東日本大震災以来、地震の規模が拡大し、その頻度も加速度的に高まっています。極端な大雨が日本各地を頻繁に襲い、さらに、あたかも梅雨が戻ってきたかのような気象現象が真夏に起きることなど、まさに前代未聞です。
そして、このような自然災害に見舞われているのは日本だけではありません。世界各地で豪雨に起因する洪水等、さまざまな自然災害が頻発しているのです。

スキャリオン氏によれば、このような大規模な気象異変や異常気象は、来るべき地球の大変動の前触れだそうです。エドガー・ケイシー、アロン・アブラハムセン、ポール・ソロモンといった人々が予見した地球の大変動は、彼らの予測した時期には起きませんでした。しかし、20～30年のずれを経て、これから現実化する可能性が刻々と高まってきているように感じます。
そこで次章以降に、スキャリオン氏の予見した地球の大変動に関する情報をご提供したいと思います。そのような大変動が起きないことを切に祈りますが、今この時期にそれを知っておくことは非常に重要だと考えます。

それではスキャリオン氏からの情報、『青い光線の子供たち』をお楽しみください。

※共感覚：共感覚とは色彩とイメージの共感覚的現象のこと。一部の人に見られる特殊な知覚現象であり、ある刺激に対して通常の感覚だけでなく異なる種類の感覚をも生じさせ

る。共感覚を持っている人には、白黒の印刷文字が赤・オレンジ・青・ベージュ・ピンクなど多種類の色がついて見える。

## 青い光線の子供たち

私の直感力が覚醒し始めた頃から、私は時折夢による旅を経験するようになりました。その夢には奇妙な衣服を纏《まと》った子供たちが現れました。彼らの外見や容貌はごく普通で、20世紀の子供たちに酷似しているものの、私が見慣れている子供たちとは著しく異なる特徴がいくつかありました。直感的に私は「彼らは未来の地球世界から来ている」と感じました。

しかし、これらのヴィジョン（映像・画像）はほんのまれにしか生じませんでしたし、「その情報は私の変容の残された部分と関連していない」と思われましたので、メモには残したものの、その他の面ではほとんど注意を払わなかったのです。そして、そのような状況は1985年まで続きました。

当時私は、顧客の依頼に基づく個人リーディングを行っていましたが、その年（1985年）から『青い光線の子供たち』という表現がその中に出てくるようになりました。それは好奇心をそそるものでしたが、ほんのまれにしか出ませんでしたので、それをどう扱うべきかが分からなかったのです。

その後の1988年、私とシンシアは、顧客の要求に応じて、特定の情報をいくつか得るためのセッションを行いました。そのときシンシアは、直感に基づいていくつかの質問をしたのですが、それらは、青い光線の子供たちに関する充分すぎるほどの質疑応答につながるものだったのです。

そのとき以来このテーマは、地球の変動に係わる情報さえも上回る興味の対象になりました。それまでは地球の変動に関する情報が最も頻繁に求められていたのです。私が提供した青い光線の子供たちについての情報――それに対しては圧倒的な反響がありました。

当初私はそれに困惑したのですが、過去10年間に地球に流入してきた新たな子供たちに気付くにつれて、「なぜその重要性がもっと早く分からなかったのだろうか」と不思議に思いました。というのは、このような子供たちは現在どこにでもいるからです。私とシンシアは、現在地球に入ってきているこのような驚くべき子供たちについて、数多くのセッションを行いました。次にまとめられた質疑応答は、最初に行われたセッションの内容です。

## 青い光の魂たちが地球に転生してきた目的

**シンシア・キース（以下キース）：**あなたが過去に言及した『青い光線の子供たち』について、いくつか質問させて頂きます。これらの子供たちは一体どんな人間なのですか？どのような点が他の子供たちと違うのでしょうか？

**ゴードン・マイケル・スキャリオン（以下スキャリオン）：**彼らは先駆者です。次の「根幹人種」と称される人々のための下地をつくる目的でやってきます。内なる世界における彼らの起源は、あなた方が『精神のレベル』と呼ぶ次元にあります。

過去における特別の惑星滞在を経て、彼らは青い光の下に集結し、団結したのです。彼らの皮膚が青色というよりも、むしろ、彼らの属する魂のグループの振動が青色の波長に基づいているのです。そうは言うものの、実際には、皮膚の色も次の根幹人種の一つの特徴になるのですが――。

これは、あなた方が『ムー』と呼んでいる国、およびその時代に重ね合わさります。その国は後年『レムリア』として知られるようになりました。太古の時代、地球に自分たちの魂を投射したとき、彼らは当時太平洋地域に存在したムー大陸に居住したのです。彼らの霊性は、大いなる創造の神に近い振動レベルに同調していました。神を喪失、もしくは神から分離することはなかったのです。
　その2番目の分団は超古代アトランティスに転生しましたが、神からの大幅な分離が起きてしまいました。彼らを黄色の人種と考えても良いでしょう。皮膚の色が黄色というわけではなく、黄色の周波数に基づく振動が彼らを支配しているのです。

**キース**：青い光の魂たちはいつ地球に流入し始めたのですか？

**スキャリオン**：彼らが自分たちを地球に投射し始めたのは、主として天王星が地球に影響し始めた頃でした。米国への投射についてお話ししますと、17～20世紀にかけて数千の魂が南西部に転生し、それよりも小さな集団（数百人）が北東部のバージニア州、ケンタッキー州、オハイオ州に転生しました。彼らは同じグループに属しますが、現在北米大陸に転生している数十万を超える魂たちの先駆者と考えられます。とりわけ１９５０年代、彼らは平和維持のための活動に従事しました。

**キース**：これら青い光線の魂たちは、なぜ地球に転生する時期として今の時代を選んだのでしょうか？

**スキャリオン：**この集団の輪廻転生のサイクルを理解できるように、19世紀末の時代、特に第一次世界大戦直前の時代に焦点を合わせてください。黄色の周波数の振動を持つ魂たち（アトランティス人）の大部分が現在大挙して地球に流入していますが、これによって技術革新と戦争がもたらされました。

そのエネルギーは、今から2万8000年前、1万8000年前および1万4000年前のアトランティスのエネルギーに酷似しています。あの時代、青い光線のグループも、ごく一部ではありますが、当時の世界の不均衡を是正するためにアトランティスに転生しました。

1950年代、別の『窓』が開かれ、異なる振動エネルギー流入の機会がもたらされました。ボーダーランドで青色波長の振動エネルギーに同調していた魂たちが、地球世界への適合性を見出したのです。このグループは1960年代、平和維持のための活動家になりました。1960年代、また別の主要なグループが地球に転生して政治活動家になりました。彼らの多くは初期のアメリカ先住民で、超古代においてはレムリア人でした。

彼らは、次の根幹人種転生の準備を完了するという目的で、再度地球に生まれ変わったのです。これらの転生はすべて、世紀の変わり目を経てさらに1200年続く、より大きなサイクルに向かっています。『その大きなサイクルの完結の準備のためのより小さなサイクル』とみなされる副調波があるのですが、これらの転生は、このサイクルを通して約1800年にわたって起き続けます。

**キース：**このようなサイクルは誰がどのようにして選ぶのですか？

**スキャリオン：**魂の地球への投射は『機会の窓』になると考えられます。すなわち魂が霊性に基づくパワーを前向き・肯定的に適用するか、あるいは後ろ向き・否定的に適用するか、その選択が貴重な経験かつ教訓となるのです。これらのサイクルはその世界の次元によって支配されます。それを選ぶのは魂自身です。

**キース：**もしも青い光線の魂たちが数十万年間地球に来ていなかったのであれば、なぜ彼らは今の時代に来るのでしょうか？

**スキャリオン：**「現在地球の振動の波長が、彼らが自分自身を最初に地球に投射したときの振動波長に適合してきている」というのが、かつてレムリア人であった青い光線の魂たちがこの特別な『機会の窓』を選んだ理由です。彼らのそもそもの目標や目的は、地球とのより良い調和を達成することです。

分離するのではなく創造の神と協調することにより、彼らは大いなる経験・知識を獲得しました。青い光線の魂たちは地球およびその住人の守護者である、と考えられるのです。彼らの目標は、平和・調和を達成し地球のみならず全体としての宇宙を気遣うことですが、この時代に転生する子供たちは、その目標に向かって自分自身を駆り立てています。

地球の五大元素を含む物事の本質に対処することが、彼らの全体意識の一部になっています。地球の振動エネルギーが高まるにつれて、彼らはより大きな集団で転生し始めます。1940年代のような初期、『機会の窓』は青の色合いの狭い周波数帯でしたが、50年代・60年代・70年代に、より大きな窓が開かれました。80年代・90年代および21世紀には、数百万もの魂たちが地球にやってくるでしょう。

カルマに基づく欲求とみなされる彼らの役割は、原初の形態の地球を活用して平和理に自分たちの考えや意見を表すことです。彼らは、さまざまな元素や大いなる生命体としての地球と共生する存在になろうと努力します。「青い光線の子供たちの大部分は教師・導師である」と考えれば、彼らを最もよく理解したことになるでしょう。

**キース：**青い光線の子供たちはどのように識別されますか？

**スキャリオン：**青い光線の子供たちは、彼らのオーラの構造でもって、他の振動エネルギーの子供たちから識別されます。透視能力者であれば、その違いを見分けることができます。青い光線の子供たちの皮膚の周りには、本質的に青みがかった色が存在するのです。この点はすべての魂のグループおよび彼らの振動波長の色調に当てはまるわけではありませんが、このグループの場合は極めて顕著です。

また、目の構造にも違いがあります。もしあなたが彼らの眼球の虹彩《こうさい》を注意深く観察すれば、奇妙な波状の動きや変化が認められるでしょう。これは目の構造に基づいて発せられるエネルギーです。透視能力者が見れば、その波が乳白色の物質であることに気づきます。それはエクトプラズムの一つの形態であり、実際のところ外側に投射される生命エネルギーなのです。

レムリアの時代、彼らは物体を動かす、あるいはそれを分子的に再構成するパワーを持っていましたが、それはこのエクトプラズムから得ていました。あなた方は物を動かすのに手を使いますが、彼らは、同じことをするのに付属器官である目の組織を用いました。今でも潜在力として存在するこの能力は、念動力として利用できるでしょう。

**キース：**「彼らは教師あるいは導師である」とあなたは言いました。彼らは何を教えるのですか？

**スキャリオン：**彼らは環境をテーマにした活動の分野の教職を目指します。そして、その活動を主宰あるいは統率し、権威ある地位に就きます。また、彼らの一部は、調停者・交渉担当者・折衝担当者、あるいは平和に基づく統合をもたらす人となるでしょう。

どちらかというと彼らは、アトランティス人としての経験を持ったレムリア人、すなわちこれら二つの人種のハイブリッド（混成）です。既に彼らは、戦争や権力の乱用・誤用を含むさまざまな変動を体験し、それらを耐え抜きました。

今日の世界において『青い光線の子供たち』の活動を見ると、「彼らが自分たちの役割を果たし始めた」と思えるかもしれません。しかし、我々の見るところ、彼らの仕事はまだ極めて初期の段階に過ぎません。とは言え、これは大雑把な説明です。なぜなら、彼らは先駆者であり、彼らの先には厳しい試練を伴う浄化があるからです。

彼らは『導き手である大師（キリスト）の再臨および大いなる覚醒』がこの惑星で起きるための地ならしをします。

**キース：**彼らが地球にいる間、どんな色が彼らの人生を支配しますか？

**スキャリオン：**彼らは色彩に基づく活動を通して自分たちの能力を発揮します。現在多くの人々は鉛筆や定規を使ってスケッチをしますが、彼らは色彩を活用して同じことをします。例えて言えば、モノクロで絵を描く人と、カラーで絵を描く人の間の違いのようなものです。一方が他方よりも優れているということではなく、むしろそれは、見方の違いあるいは様相・特質の違いなのです。

青い光線の子供たちが自然に引き付けられる色彩にはさまざまな色調がありますが、彼らは、その中でもパステル調の色合い、とりわけ藤色の色調に最も惹かれることが分かります。これにより「自分たちのグループが存在していること、および、それが独特の印象を外部に与えていること」に彼ら自身が気付きます。

寿命も彼らが全体として持つ特徴の一つです。というのは、彼らの振動エネルギーにより、彼らの寿命は15～18パーセント延びるからです。西暦2000年を過ぎると、初期の頃に地球に転生してきた青い光線の子供たちの寿命が長いことに気づくでしょう。

両親に対する教師になる人々がこのグループの中にいる――あなた方はこの点にも気付きます。彼らは生まれつき音楽・芸術・執筆の分野で秀でる能力に恵まれていて、さらに、植物界・動物界・人間界・鉱物界を含むあらゆる意識世界の間で、霊性に基づく意志の伝達を行うこともできます。

彼らの意識の中に潜在しているこのような天賦の才は早期に目覚めます。彼らは自分たちがそのような能力を持っていること、および彼らの存在理由を自覚しています。早い時期からの養成により、そのような能力は極めて幼い頃に発現し、4～5歳で他の人々に様々なことを教えられるレベルにまで突出します。12歳ぐらいになれば、25年もの教職経験を積んだ大人とほぼ同等の力を発揮します。以上、このグループ全体に共通する特徴を述べ、早期に養育を受けた場合に発現する彼らの能力を概説しました。

## 青い光線の子供たちの養育

**キース：**どのようにすれば両親は、自分たちの乳児が青い光線のグループに属することを認識できますか？

**スキャリオン：**彼らは早い時期に歩き始め、ほとんど睡眠を必要としません。また、誕生直後から18か月ぐらいまでの期間、彼らの目は物事を見抜く力を示します。それは、あたかも深い井戸を覗き込むかのような鋭い眼差しです。つまり目は、乳児期において最も効果的に特徴を示す標識なのです。彼らのテレパシー能力もこの頃が一番強いのです。

また、目に見えない世界を理解し、その世界の存在とコミュニケーションする能力にも注意を払ってください。最初は片言のように聞こえます。しかし、注意深く耳を傾ければ、それにはリズムや抑揚があり、たとえあなたには理解できなくても、明らかに何らかの意味を持っていることが分かります。それは、今から約１８００万年前の時代に最初に話された言葉とほぼ同じです。当時は、話し言葉というよりも、むしろ音の波の反射が言葉として使われたのです。

**キース：**両親や学校の教師は、どのようにすれば最も良く彼らを養育できますか？

**スキャリオン：**彼らの家や学校に色彩を導入することです。壁や大きなパネルのように色の占める面積が大きいと効果が高まります。特に重要な点は、藤色に隣接する2～3の色合いを使うことです。これによって彼らの生まれながらの振動エネルギーと彼らに与えられた環境の間に調和した関係が生まれ、より良いコミュニケーションが可能になって意識の覚醒を促します。

聴覚については、彼らに適合する振動周波数が、流水のせせらぎのような、自然環境に根差した音を模倣する音楽によって強められます。また、詠唱や聖歌に基づく音楽およびフルートや太鼓などを使う音楽も同様です。今私たちがお話ししているのは、リズムの循環に基づいて心を落ち着かせる音楽なのです。それは、より高いオクタープでフルート、そして、より低いオクタープでドラムを演奏するようなものです。これらは両方とも、創造の神および母なる地球との同調をもたらします。

**キース：**食事についてはどうですか？　青い光線の子供たちのための特別な食べ物がありますか？

**スキャリオン：**それは前もってプログラムされています。彼らはこれまで常に菜食主義者であり、肉から栄養を取るという考えに背を向けてきました。これには魚肉や家禽《かきん》の肉も含まれます。その代わりに野菜や穀物を食してきたのです。

彼らが甘いものを好まないと言っているのではありません。しかし、肉は青い光線の子供たちと調和しないのです。なぜなら、肉食に起因する振動エネルギーが濃すぎるため、彼らは自分たちの基本的な生命力である地球から切り離されてしまうからです。彼らは自分たちのパワーのほとんどを、宇宙ではなく地球から引き出しています。そのため、地球のエネルギーが最も強く彼らの中を流れているのです。それゆえ、彼らが食べるものは、地球の均衡維持に最大限役立つものに準拠するのです。

**キース：**つまり、彼らが肉を食べなくても心配すべきではないし、それよりもむしろ、野菜や穀類でもってできるだけ食事のバランスがとれるように努めるべきなのですね。

**スキャリオン：**いろいろな食べ物を食卓に並べればそれで良いのです。彼らは自分たちに必要な振動エネルギーに無意識的に惹きつけられます。とりわけ難しい点は、野菜の種類というよりは、むしろ特定の野菜の生命力なのです。

彼らは無意識のレベルで食べ物を識別します。特定の風味や馴染《なじ》みの味ではなく、振動エネルギーのレベルで一番新鮮かつ生き生きしているものに引き寄せられるのです。特に彼らの親指・人差し指・中指の経絡は、食物の振動エネルギーに同調する感覚受容器官です。

興味深いことに、この能力は人類すべてに備わっています。しかし、青い光線の子供たちだけがその使い方を潜在的に知っているのです。彼らは食べ物の電磁構造に基づいて、その振動エネルギーを感じ取ります。彼らが感知するのは食べ物のエーテル・エネルギーではなく、その電磁力あるいは結合力なのです。

**キース：**つまり、食べ物に触れさせるのは良い方法なのですね。

**スキャリオン：**それは彼らにとってごく自然な行為です。それゆえ、環境面の刺激が彼らの成長を促進します。これに続くのが補助的な感覚である嗅覚ですが、その使い方の一つは主要感覚による感知の確認です。現在あなた方の世界では、香りについてほとんど知られていませんが、間もなく充分理解されるようになります。

とりわけ、青い光線の子供たちが成長して教える立場になれば、彼らが既に把握している知識——生命力は花や食物の芳香から直接得られること——を伝えてくれるでしょう。彼らは食べ物を消費する前に、主要な感覚と補助的な感覚の両方を使って、食べ物の振動エネルギーを正確に感知します。彼らは食物の栄養含有量を、現在理解されている栄養摂取基準ではなく、その振動エネルギーに基づいて判断します。もしもそれが調和のとれた状態、あるいは適切な共鳴状態にないことが分かれば、彼らはそれを食しません。

## インディゴ（藍色）光線と青色光線の違い

**キース：**青い光線の子供たちは特定のタイプの両親を選びますか？

**スキャリオン：**すでに述べたように、この点は大部分、得るべき教訓あるいは貴重な経験に関係しています。彼らの家族構成は種々さまざまですが、それらはある種の必要性に基づいているのです。

青い光線の子供たちは、より優れた養育上の資質を持つ両親よりもむしろ困窮状態にある両親を選ぶ傾向があります。そのような両親が子供を養育できないということではなく、彼らには『大いなる一つ』との一体性の意識が欠けているのです。それゆえ多くの場合、このような両親は学びを必要としています。おそらく彼らは、１９６０〜７０年代に地球に帰還した魂のグループよりも、学びの必要性が高いのです。

なぜなら彼らは、自分たちの子孫である青い光線の子供たちの持つ能力を潜在的に保持しているものの、１９６０年代以前に生を受けた魂たちに比して、まだまだ学びの余地を残しているからです。それゆえ、彼らの子供たちは彼らにとっての教師にならねばなりません。当然のことながらそれは、そのような魂すべての選択に基づいてあらかじめ決められていたのです。

青い光線の子供たちの両親が太古の時代にレムリア人であった可能性――それはかなり低い、と言えます。彼らは多様性に富み、さまざまな異なる振動レベルの層から地球にやってきます。そして、青い光線の子供たちに与えられた教訓や目的の一部は、すべての魂のグループを指導し、学ばせることなのです。

彼らは広い意味で教師の役割をすることになっていて、その中には執筆・芸術・音楽・生産活動等の分野で知識の伝達をする者もいますし、平和維持活動に従事する者、また、自分たちのカルマに基づいて単に両親に対する教師の役割をするだけの者もいます。

かつてアトランティス人であった魂たちが現在地球に数多くおり、人類の過半数を占めていますが、彼らは新たな教訓を必要としています。それは、来るべき時代にこの地球を支配する新たな振動エネルギーを身に帯びることなのです。というのは、19世紀末から２２５０年にかけての間、特定の振動エネルギーを帯びた魂だけが地球に転生できるからです。

これは、浄化のレベルや善良さに基づく制限を魂が受けるということではありません。むしろそれは、「そのような地球の進化が起きるためには、魂の振動エネルギーがその時代を支配する振動エネルギーに適合しなければならない」という宇宙的な規範に基づきます。間もなく地球は、これまでとは違う振動数で鼓動し脈動するようになります。異なる振動エネルギーを帯びるため、そのパイロット周波数（シューマン共振に基づく周波数）も変わり、別の倍音レベルに移行します。現在の周期率の2倍以上になるのです。

それゆえ、他の惑星における滞在を通じてその振動に同調できなかった魂は、新たな振動に基づく地球と共振することができません。青い光線の子供たちは、可能な限り多くの魂たちが次の時代の地球に転生できるように彼らを援助する、という目的でやってくるのです。

**キース：**インディゴ（藍色）光線と青色光線の間の違い、および、それらの光線を帯びる人々について説明してください。

**スキャリオン：**ここで気付くべき重要な点は、色彩のスペクトルにおいて濃密な赤色から統合色である白色への移行がアセンションである、ということです。それは『大いなる一つ』との統合を目指して次元上昇することなのです。

しかし､混乱しないでください。「現在黄色・緑色のような特定の振動エネルギーでもって活動している人は、藍色の振動エネルギーの人ほど進化していない」と考えるべきではないのです。なぜなら、現在三次元物質世界にいる私たちは、高次の世界に存在する私たち自身（完全なる全意識）のほんの小さな一部に過ぎないからです。

高次の自分は全体としてのさらなる完成を目指し、さらに獲得したいと願う特定の教訓を選びます。三次元物質世界での振動のレベルは、単に現在求められている特定の教訓・活動あるいは機会を示しているだけなのです。どの時代どの期間に焦点を当てるかによって、魂は、共に活動する特定のグループを選ぶのです。これらの魂のグループは、類似の振動を必要としていて、必然的に、彼らが求める教訓を得るのに最も適切な時代に転生します。

青い光線の子供たちのような魂のグループは、その中により小さな副グループを持っています。それらは、色の帯域における色相あるいは色調として考えられます。たとえば、個々人のカルマ、そして集団のカルマと呼ばれるものがあります。後者には、国としての集団や大陸全体としての集団あるいは惑星規模の集団があります。これらは時空連続体の中で結束します。なぜならそれは、類似の集合エネルギーに基づいて活動している他の多くの魂を惹きつけるからです。それによって、特定の国や地域における全体の意識が変化して均衡がもたらされるのです。

藍色光線の人々は導師の中の導師と考えられます。しかし、これを文字通りには取らないでください。というのは、どの色彩のグループにも導師の中の導師がいる可能性があるからです。シンシアが属している藍色光線のグループは、意識の大いなる発展拡大と称されるものの振動エネルギーを表しています。シンシアは、霊性のレベルで、単独ではなくグループとして一緒に、特定の時空連続体の中で活動しています。そのようにして、藍色光線のグループは、数多くの人々に救いの手を差し伸べるとともに彼らに大きな影響を与える存在になるのです。

現時点でこのグループは、地球全体の集合意識に変化をもたらすために働いているマスター（大師）から構成されています。また、一部の大師は人々に知られることなく密かに活動し、別の一部はより発展的な方法で働いています。

**キース：**藍色光線の子供たちには何か際立った特徴がありますか？

**スキャリオン：**彼らの大部分はアトランティス時代に転生した経験を持っています。今現在は彼らにとって覚醒の時期に相当します。

なぜなら彼らは、青い光線の子供たちの先駆者だからです。彼らは青い光線の子供たちの地球への転生を可能にする諸条件や、そのような機会をもたらす枠組みを構築しました。青い光線の子供たちは次の根幹人種の親になるのですが、藍色光線の人々は彼らの祖父母に相当します。

**キース：**藍色光線の人々は、アトランティスだけでなくムーにおける転生も経験していますか？

**スキャリオン：**一部はそのような転生経験を持っています。しかし当時は、エネルギー・スペクトルの質が現在と同じではありませんでした。振動エネルギー、大気の状態、太陽系における地球の位置や整列状態が異なっていたのです。

ムーの時代の振動エネルギーは影のように微かなレベルでした。あなた方が現在知っている色彩はあの当時存在せず、青色の振動周波数が支配的だったのです。それはあたかも、青のスペクトルに相当する狭い範囲の色だけを透過させるメガネを通して見るようなものです。この狭い範囲の色が地球との霊的交わりを希求する魂たちを引き寄せました。しかし、藍色光線の人々は別のスペクトルに移行し、アトランティスを創建したのです。

## 滝の真下のキャシーとニコラ

１９８８年に行われたそのセッションの後、『青い光線の子供たち』についての新しい情報を受け取ることはほとんどありませんでした。

その状況は１９９７年まで続いたのですが、その年、シンシアの娘であるシャリが彼女の家族を連れてやってきました。現在私には数人の幼い孫たちがいますが、彼らはすでに青い光線の子供たちの特徴をはっきりと示しています。シャリの滞在中に私は、本物の青い光線の子供を直接目撃する機会を得ました。その子が示していた鋭い直感力は、青い光線の子供たちにとって極めて自然なことであり、彼らの特質の一部に過ぎません。

キャシーはシャリの幼い娘です。この年の1月に5歳になったばかりでした。私の家はニューハンプシャー州の田園地帯にありますが、そこでシャリの家族と一緒に週末を過ごすことは、私たち全員にとって特別な楽しみなのです。

そこは、子供たちだけでなく大人にとっても素晴らしいところです。魚の住んでいる沼があり、小さな外輪船が浮かんでいますし、広大な森林にはあらゆる種類の野生生物が住んでいます。そしてもちろん、私たちの飼い猫である『イカボッド』と『ペピン』、および3頭のラマ『ダミアナ』、『ヘルメス』、『ブライトスター』も一緒です。言い換えれば、そこには楽しく遊べることがたくさんあるので、キャシーも他の孫たちと同様にそれらすべてを楽しめるのです。

キャシーが私たちの家に滞在するときはいつも早起きなのですが、今回の滞在の二日目も、彼女は朝早く起床し、特別な夢を見たことを私たちに告げました。もちろん家族全員が、彼女にその夢について話してくれるように頼みました。キャシーはほんのわずかだけその頼みを聞き入れ、彼女にとって際立った物事――虹、滝、まだ赤子である彼女の妹『ニコラ』――についてだけ話してくれました。

それから少し時間が経った頃、私は、自分の書斎を兼ねたアトリエにいました。それは自宅の建物から100メートルほど離れた私の仕事場で、私はそこで本を執筆していたのです。ドアをノックするのが聞こえるとほぼ同時にキャシーが入ってきました。後でわかったのですが、キャシーはこちらに来る前に「ゴードンと話をするためにアトリエに行かなければならないの」と母親のシャリとシンシアに言ったそうです。

私の敷地には楽しく遊べる所がいろいろあるのですが、このアトリエはその一つなのです。そこには、自由に書いたり消したりできる大きなホワイトボードおよび、さまざまな色のマーカーが置いてあります。そして、録音・録画のできるレコーディング・スタジオがあって、照明器具、撮影機材の小道具、たくさんのボタン式スイッチ等が所狭しと並んでいます。紛れもなくそこは、子供たちがあらゆる種類のまねっこ遊びをするのにうってつけの場所なのです。

しかしキャシーはそれらには興味を示さず、私と一緒に遊びたいとも思っていませんでした。何よりも彼女は私と話がしたかったのです。

そこで私は「何か気に掛かることがあるのかい?」と尋ねました。するとキャシーは、多くの5歳児がするように、ただ単に肩をすくめて私を見つめました。私はキャシーの返事を忍耐強く待ちました。

すると、ようやくキャシーが口を開いて言いました。「ゴードン、昨夜夢を見たの」。彼女の真剣な態度に不意をつかれ、いっとき前の自宅での彼女の説明をすぐさま思い出せなかった私は、あわててキャシーに言いました。「それはすごい。一体どんな夢だったの?」「私は水の中にいたの。水中で泳いでいたのよ。でも、ニコラをしっかり抱き抱えなければならなかったの。彼女は泳げないから」。彼女はそこで一瞬沈黙し、さらに「虹もかかっていたの」と付け加えました。「それ以外に何か思い出せるかい?」と聞くと、「いいえ」と答えました。

私は「キャシーはその夢をもっと掘り下げたいと思っているが、どうしたらいいのか分からないのだろう」と直感し、それはすぐさま具体的な行動に切り替わりました。私のアトリエには再生紙の入った大箱が置かれているのですが、そこに行って1ダース（12枚）ほどの再生紙を取り出しました。それは片面が白紙なので、子供たちが塗り絵をするのに最適なのです。それらを本のように折りたたんでからホッチキスで留め、キャシーに渡しました。そして、夢についての本を作りたいのかと尋ねたのです。

目を輝かせてキャシーが答えました。「ええ、そうするわ」。「まずは、何本かのクレヨンと本の名前が必要だね」と言いながらキャシーにクレヨンを手渡すと、彼女は「本の名前は『滝の真下のキャシーとニコラ』よ」と答え、即刻絵本の制作に取り掛かりました。キャシーは何ページにもわたって彼女の夢の光景をきめ細かく詳細に描きました。

最初のページは彼女が水の中にいる絵でした。「私は水中で呼吸することができるの」とキャシーは言いました。次のページはキャシーが滝の真下でニコラを抱きかかえている絵でした。ニコラはまだ水中での呼吸方法を学んでいなかったのです。（あなた方が想像するように）それらの絵の主題は水と虹で、ほとんどが青色で占められていました。青以外には、緑色と茶色がほぼ同じ明度で塗られていました。

3ページ目にはニコラの顔が描かれていましたが、それを見て私はびっくりしました。顔の色が青だったのです。しかしそれは明るい青であり、淡い色合いでした。多分水の色がニコラの顔に映っているからだろうと考えながら、その理由をキャシーに尋ねたところ、「ニコラの顔がそうなるべきだからよ」という返事でした。実のところ、キャシーもまたそうなるべきなのですが――。

キャシーはたくさんのページを描きあげてから、各々のページの絵の意味を詳しく説明してくれました。私自身も夢見を経験していて、夢が象徴するものを実用的に理解していましたので、キャシーの絵が彼女の想像から生まれたものではない、ということを明確に把握していました。

キャシーは、極めて特別な夢の詳細を思い起こしていたのです。キャシーが妹に対して抱いている愛の気持ちだけでなく、自分とニコラが『青色の存在』であることを彼女がどのようにして知ったのか、という点もその夢は描写していました。

私から見れば、キャシーの見た夢は彼女の霊性と愛を表現したものです。虹が象徴するものは子供と大人で異なりますが、夢が象徴する多くの物事は子供・大人に共通です。それには喜びの感情、幸運、巡りあわせ、成功、あるいはキャシーの夢に現れた滝のような『次に見る夢が象徴するもの』が含まれます。そして、それらの組み合わせは、強烈で溢れんばかりの喜びの感情を示すのです。水中における呼吸は、あたかも「水の一部となり水の生命力と一体化すれば、水中での呼吸はごく自然にできる」と言わんばかりに、強い感情および強さ・パワーに基づく気持ちを表現します。また多くの場合、水は集合意識や全知全能の『大いなる一つ』を意味します。

彼女の妹ニコラは、キャシーの夢ではまだ水中で呼吸することができませんでした。しかし、キャシーによれば、もうすぐそれができるようになるそうです。「どうして？」と私が聞いたところ、彼女の答えは「ばかね、ニコラが青だからよ」でした。

## 私たちおよび地球の未来のために

シャリの家族の滞在がもたらした上記の経験は、私にとってはまさに触媒でした。彼らが去ったあと間もなく、私は、青い光線の子供たちについての新たな情報を受け取り始めたのです。これによって得られた新たな識見を次にまとめました。

1. 青い光線の子供たちは高度に進化した夢を見ます。彼らの夢見は非常に幼いときに始まり、その中身の記憶も幼少時に始まります。
2. 彼らはすべての種類の言語に親近感を持ちます。もしも3歳までにその言語環境に置かれれば、彼らの多くは一つ以上の言語を話します。
3. 彼らは決意が固く、時には非常に意地っ張りで強情になります。
4. 彼らは『まねごと遊び』を考案し、その中で、レイキのように患部に手を当てて治療するヒーラーの役を引き受けます。
5. 彼らは何にもまして水に強く惹きつけられます。そして、しばしば虚空をじっと長い間見つめます。とりわけ川や湖、海の近くにいるときはその傾向を強く示します。また、青い空さえも同じように見つめます。

6. 彼らには、動物たちがどのように感じ、どのように考えているのかが分かります。これを他の人々に説明するとき、彼らは「えー、わからないの？」のような極めて事務的な言い方をします。

7. 彼らの多くは13歳までに他の国々に行きたいと思うようになります。そしてしばしば両親を駆り立ててそれらの国に連れて行かせようと試みる、あるいは自分でその旅行を計画することさえもします。南アメリカとニュージーランドが彼らのお気に入りの目的地です。

8. 彼らの個性や性格は、両極端――『生真面目・ひたむき・一意専心タイプ』と『夢見心地の目を持つ現実的でないタイプ』――の間を上下します。

青い光線の子供たちについての資料は1988年に初めて出版されたのですが、それに対する反響は予想以上に大きく、自分の子供がそれに該当すると確信した親たちから、かなりの数のメールを受け取りました。そしてそのどれもが、子供たちの性格や振る舞い等を詳しく説明していましたが、単なる偶然の一致とは決して思えないほど、彼らの特徴が類似していたのです。

あらためて私は「これらの子供たちが各自の認識・自覚を高めて与えられた役割を果たせるように、微力ながらも全力を尽くしていかねばならない」と思いました。私たちおよび地球の未来のためにそれが必要である、と強く感じたのです。

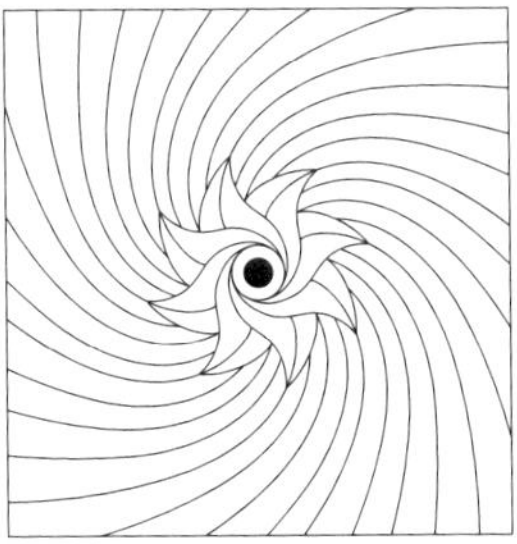

第❷章

# 地球の大変動

## ―恐ろしい夢―

## 【解説】集合意識の変革のために

第2章から第3章にかけては、地球の大変動についての情報をご提供します。すでにご承知のように、異常気象が激化の一途をたどっています。2020年初夏、日本・中国・ニュージーランドを含む世界各地で洪水が多発しました。日本では梅雨が終わるとともに豪雨も終息しましたが、中国・韓国ではその後も大雨が続き、各地で洪水が発生したのです。

2020年9月時点の最新情報によると、特に中国では全土28省が水害の影響を受けました。そして、被災者数は延べ7047万1000人となり、直近5年同期の平均値と比べて17％増となりました。直接的な経済損失は2143億1000万元（約3兆3218億円）に上り、直近5年同期の平均値と比べて27％増となったのです。また、非難した被災者の数は近年で最も多く、中国全土で述べ469万5000人になりました。これは、直近5年同期の平均値と比べて47・3％増の数字です。

北朝鮮も8月前半に凄まじい豪雨に見舞われ、洪水が全国各地で起きて甚大な被害をもたらしました。さらに米国西海岸では、異常な暑さや日照りと同時に前例がないほど大規模な山火事が発生し、長期間にわたって続きました。

また、地球温暖化が原因で、過去30年の間に北極の夏の海氷の75％が消失しました。北極地域では、〝北極の温暖化増幅〟として知られている現象に起因して、地球全体の平均の2倍以上のスピードで温暖化が進んでいます。人間が引き起こした地球温暖化こそが、現在ホッキョクグマが絶滅に瀕している理由なのです。

北極と北極の海氷は、地球全体を健康に保つ重要な役割を担っています。北極の気温は北極の海水温よりも低いため、海氷は冷たい空気と海水の間で絶縁体の役割を果たしています。つまり、海氷があることで、海水が気温を上げてしまわないように調整しているのです。また、海氷があることにより、大気に取り込まれる水分の量が制限されますが、これは嵐が起きるのを事前に防ぐ役割をしています。北極は、海氷があることで、地球のエアコンのような機能を果たしているだけでなく、嵐などの悪天候をも防いでいるのです。

海氷が溶けてなくなってしまうことは、地球のエアコンが壊れてしまうことを意味します。地球温暖化により減少した北極の海氷は、ホッキョクグマを絶滅の危機に追い込むだけでなく、地球全体における猛暑や豪雨などの異常気象も引き起こしているのです。

さらに、デンマーク領グリーンランドの気温上昇の影響で、北極圏最大の氷棚から、フランスの首都パリの面積を上回る氷塊が分離したことが、２０２０年9月14日、科学者たちによって発表されました。分離したのはグリーンランド北東にある巨大氷河のうち面積113平方キロの部分です。

グリーンランドの平均気温が上昇していたため、分離が起きることは予想されていましたし、〝カービング〟と呼ばれる氷河の分離・崩壊は通常の現象なのですが、これほど大きな面積で分離するのは珍しいそうです。分離部分の衛星画像を公表したデンマーク・グリーンランド地質調査所（GEUS）によると1999年以降、米ニューヨーク・マンハッタンの面積の2倍に相当する約160平方キロの氷塊がこの氷棚から失われました。

崩壊スピードはここ2年間で加速しています。英科学誌『ネイチャー（Nature）』に発表された研究によると、1992年から2018年の間に起きた海面上昇のうち約1・1センチ分が、グリーンランドの氷床の融解に起因しているそうです。

南海トラフ巨大地震や東京直下型大地震はいつ起きても不思議はないと言われています。また、日本には110もの活火山が集中していますが、地下のマグマの解析に基づき、鹿児島の桜島で大規模噴火の起きる可能性があることが分かってきました。

さらに、アメリカのイエローストーンでは、ホットプルームと呼ばれる高温のマントル物質が地下深くから上昇し、その熱によって生まれた膨大なマグマが地上に迫っていることが確認されています。まさにローランド・エメリッヒ監督が2009年に製作した映画

『2012年』に描かれた激変の起きる可能性が出てきているのです。

前章においても述べましたが、スキャリオン氏によれば、上記の気象異変は地球の変動が本格化する前兆だそうです。近未来にどのような出来事が起こり得るか——それを知っておくことが今非常に重要になってきました。

ところで、スキャリオン氏が指摘しているように、優れた直感力に基づいて未来の出来事を洞察し予見した人々は当時米国にたくさんいました。これについては、ジェフリー・グッドマン著“We are the earthquake generation”に詳しく述べられています（和訳が『巨大地震』という邦題で1981年に三笠書房から出版されたが現在は絶版）。これらの予見者には、アロン・アブラハムセン、ポール・ソロモン、ベラ・カリッシュ、ベバリー・ジェーガース、クラリザ・ベルンハルト、レイ・エルキンス、スーザン・ハリス（敬称略）が含まれます。

このうちアブラハムセン氏とエルキンス氏はそれぞれ、変性意識状態で透視した地球の変動を小冊子にまとめて数百部を自費出版していましたし、ソロモン氏も“EARTH CHANGES and the new planet earth”と題する小冊子を彼が主宰する団体から出版していました（和訳が『地球の変動と新惑星地球』という邦題で1983年にA・C・E出版から発行されたが現在は絶版)。

しかし彼らが予見した地球の大異変は、一部を除き、予測された時期には起きなかったのです。スキャリオン氏は、米国および世界各地の至る所にいる100人以上の予見者・幻視者にコンタクトを取り、直接会うことができない人々とは電話で話しました。そして、自分の見たヴィジョンと彼らの見たヴィジョンの間に驚くべき類似性があることに勇気づけられ、彼のヴィジョンに基づいて作成した未来の世界地図を彼らに配布し、『人々に警告する』ために手を携えて行動しようと要請したのです。しかし残念ながら、誰一人としてこの呼びかけに応えませんでした。

それ以前の予測が必ずしも的中していなかったことが、その理由だったと思われます。ヴィジョンは高次元の世界に由来しますが、それが三次元物質世界で具現化する時期を正確に読み取るのは極めて難しいようです。それは振動数の違いに起因します。高次元世界の振動は微細かつ精妙ですが、三次元物質世界の振動はとても粗いのです。

スキャリオン氏は、数年にわたる心の葛藤と紆余曲折をへて、ようやく自分の見たヴィジョンの公表を決意し、“Earth Changes Report(地球の変動に関するリポート)”を発行しました。本章前半では、そこに至る経緯が事細かく書かれています。

「地球の変動ヴィジョンはとても恐ろしいものなので、できる限りそれを見たくないし、それに関わりたくない」。そのように思ったスキャリオン氏は、その公表および人々への警告をしなくても済むようなさまざまな手段を講じました。しかし、その都度不都合が生じて、最終的には前述の決断に至ったのです。

これはエドガー・ケイシー氏の人生経験によく似ています。リーディング能力に基づいて人々を助けることが彼に与えられた役割だったのですが、ケイシー氏は、収入を増やして自分の家族の生活を豊かにすることを優先し、可能な限りリーディングを後回しにしようとしました。しかしながら、予期せぬ問題が次々と生じ、結局は『リーディングによって困っている人々や苦しんでいる人々を救う』という本来の役目に立ち返らざるを得なかったのです。

また本章後半では、スキャリオン氏の見た『恐ろしい夢』の中身をお伝えします。それは地球が大激変する夢なのですが、実際にそれを体験したスキャリオン氏にとっては非常に恐ろしいものだったのでしょう。

私の知る限り、地球の変動についての情報を最初に伝えた予見者は前述のエドガー・ケイシー氏です。それは極めて簡潔な予言であり詳細は述べられていませんが、その内容は基本的にスキャリオン氏と一致しています。また、ケイシー氏に続いてアロン・アブラハムセン氏、ポール・ソロモン氏等の高名な予見者たちも続々と地球の変動に関する予言をしました。

幸いなことに、地球の大激変はまだ現実のものになっていません。しかしこれは「彼らの予言が間違っていた」と解釈すべきではないと思います。先にも述べたように、高次元世界の振動数と三次元物質世界の振動数の間に極めて大きな違いがあるため、高次元世界のヴィジョンが三次元物質世界で具現化する時期を正確に読み取るのは極めて困難なのです。

スキャリオン氏によれば地球の大変動が本格的に始まるのは1998年以降であり、既に述べたように、酷い異常気象や気候異変がその前触れとなるそうです。

しかし、エドガー・ケイシー氏は、この点をさらに具体的に述べています。ケイシー氏の下記のリーディングによると、本格的変動の始まりを示す兆候は、まず地中海のエトナ地域およびその正反対に位置する南太平洋に現れます。また、イタリアのベスビオス山や西インド諸島のペレー山（マルティニーク島の火山）の噴火も、その具体的な兆しになるそうです。

「南太平洋地域で崩壊が始まったとき、また、それと反対側の地中海・エトナ地域で沈下や隆起がはっきりしてくる時、地球の本格的変動が始まったことが分るだろう」（リーディング３１１‐８、１９３２年4月9日）。

「もし、ベスビオス山かペレー山に激しい噴火活動が起こるならば、カリフォルニアの南海岸やソルトレークとネバダ南部の地域も、それに続く3か月以内に、地震に因る洪水に見舞われるであろう」（リーディング２７０‐35、１９３６ 年1月21日）。

これらの兆候が疑いもなく顕著になってきたようです。南太平洋地域にはハワイ、パプア・ニューギニア、ニュージーランドが含まれますが、２０２０年12月中旬の時点で、パプア・ニューギニアのマナム山およびニュージーランド北島の北東部に位置する火山島が噴火していますし、ハワイのマウナ・ロア火山で地震活動が増加しています。また、南太平洋地域に隣接するインドネシアでは、６つの火山が噴煙を上げています。さらに、火山活動が続いていたエトナ山が12月13日に大爆発を起こしました。

そして、ペレー山に対する警戒レベルが4段階の2番目である黄色に引き上げられました。20世紀において最も破壊的な火山と言われたペレー山は１９３２年以降休眠していたのですが、どうやらこの悪魔的火山が目覚めたようです。

このような点から考えても、スキャリオン氏の見た地球の大変動が20～30年のずれを経てこれから具現化する可能性は高くなってきているように思われます。

また、スキャリオン氏は、1夜目と2夜目の夢の中で非常に明るく輝く青い星を見ました。これは地球の大変動の後に2つ目の太陽になる『ブルー・スター』のことです。そのその詳細についてては、本書の第4章に述べられていますので、是非ともご一読下さい。

1985年の9月19日にメキシコで巨大地震が発生して1万人以上の命が失われたのですが、本文中にもあるとおり、スキャリオン氏はこの地震が起きることを直前に夢の中で教えられていました。

そして、その32年後の2017年、まったく同じ9月19日にメキシコでマグニチュード7・1の地震が起きました。9月7日に同じくメキシコでマグニチュード8・1の地震が発生していましたので、それからわずか12日後のことだったのですが——。

実はこの地震は、私が本章の翻訳を仕上げてからわずか3日後の出来事であり、このことも決して偶然ではないと思われます。

とても不思議なことなのですが、予言の内容が活字になって出版されると、たとえそれを読んだ人の数が1万人程度であっても、その人々の意識に変化が起こります。そして、それが集合意識に影響を与えることになり、その結果、予言されたことが予言通りに起きなくなる可能性が生まれるのです。

現在の世界の状況を見ると、地球の大変動が全て回避されることはおそらくないと思われますが、それを軽減することは充分可能だと考えられます。今こうして地球の変動の情報をお伝えしているのは、私たち日本人の意識の変革を促すためです。それゆえ、できる限りたくさんの人がこの内容を読んで下さることを切に願っています。

## 地球の変動のメッセージ

夢の導師は、私にこのように告げました。

「均衡状態が崩れれば、地球はいつでもそのパワーを爆発させます。それは、彗星《すいせい》の地球への衝突や惑星直列のような宇宙規模の出来事、あるいは、地球の磁場の変化によってても起こり得ますし、地球環境の汚染やテクノロジーの誤用のような人間による地球への侵害、もしくは、地球との霊的交流の欠如の結果としても生じ得るのです。しかしそれには関係なく、地球および人間の魂は、それらの危機を乗り切って存続します。これらは双方とも永遠の存在なのです」。

ローハン※との最後のコミュニケーションのあと、私は以前よりもさらに頻繁に、地球の変動に関わるヴィジョンを受け取るようになりました。超意識に繋がる私の能力は、以前私が病院にいたときに覚醒したのですが、地球の変動のメッセージは、そのとき経験したものと似ていました。やがて具現化する出来事の映像を私は見せられたのです。

夢の導師たちはまた、延々と続く広大な大地を見下ろす体外離脱の旅に、私を連れて行ってくれました。「これは貴方たちの地球です」と言われましたが、それは私の知っている地球とはあまりにもかけ離れていたので、まるで別の惑星に連れてこられたかのように感じたのです。

しかし、留意するように言われていたそのヴィジョンを見せられてもまだ、私はそれを無視し続けました。このような警告が増えれば増えるほど私は、心をかき乱すヴィジョンを自分の頭から締め出そうとして、さらに一層の努力を払ったのです。

私の見たヴィジョンを人生における実体験として受け入れ始めたのは１９８２年でした。その頃に遡《さかのぼ》って考えてみると、直接間接を問わず、その多くは地球の変動に関わるものだったように思います。さらに“tribulation”という言葉が絶えず私の頭に浮かび続けました。それは地球の大変動を伴う困難な期間を表すとされています。

私が最初に病院で見たヴィジョンは、まさにこの期間に言及していたのですが、この言葉が一体何を意味しているのか、その当時の私には全く分からなかったのです。夢やヴィジョンを日記につけ始めたとき、私がしばしば実行したことの一つは、私が見た奇妙な物事のいくつかをスケッチすることでした。

地球の変動についての充分な量の情報をまとめるのに1年以上かかりましたが、それには、詳細を記録するという忍耐を要する作業が必要でした。それによって、私が夢の中で目撃したものを描写した非常に大まかな世界地図ができたのです。依然として私には、世界地図におけるそれらの変化がいかにして生じるのかがはっきりとは分かりませんでしたが、簡単な図に表現することにより、曲がりなりにも私が見たものを他の人々に説明できるのではないかと考えたのです。最終的にその地図が出来上がったとき、私はそのコピーを100部ほど作成し、それを友人や夢の分析の専門家、地質学者を含むさまざまな分野の科学者、そして私のヴィジョンを解釈できるかもしれないと私が感じた人々に配布しました。「はたしてそれが頷《うなず》けるものであり何らかの意味をなすものなのか」の判断を、より適任者であると思われる人々に委ねることにしたのです。

私が伝えた最初の大雑把な地図情報に対する専門家の反応は、『嘲笑』・『冷やかし』さらには『全くの不信』等、実にひどいものでした。私は当惑し、進むべき道をこんなにも誤らせた私の直感および導き手に対して腹を立てました。そして、無駄な努力をしたことを思い起こさせるこれらのものを再び見なくても済むように、それまでにまとめた全ての資料やデータを書類整理棚の引き出しの一番奥に押し込みました。

そして、その後の数年間「それを残らず投げ捨ててしまおう」と考えたことが一度ならずありましたが、私の内なる声がそうさせませんでした。私の発信したメッセージに対する冷笑を思い出し「耐え難い負担となるやっかいな資料を捨ててしまおう」と考えるたびに、私の心の中で「待ちなさい」という声が大きくはっきりと響き渡ったのです。

※ローハン：スキャリオン氏の分身的存在かつ未来バージョン。地球の三次元物質世界と異なる層から訪れてスキャリオン氏と交流した。詳細は本シリーズ『未知なる世界編』参照。

## 三人の修道僧

夢による予言の真偽を確認する最初の機会が与えられたのは１９８５年の9月でした。その夜、寝室に行ってベッドに入るやいなや、私は深い眠りに陥って明晰夢《めいせきむ》を見始めました。その夢において私は「夢は単に直感的であるのみならず、予知的なものでもある」という確証を自ら得たのです。

ふと気が付くと、私は森の中の茂みに向かって歩いていました。それは夕刻で、ニューイングランドの春の宵のように、あたりはすがすがしい空気に満ちていました。茂みに近づくと焚《た》き火の明かりが見えました。野営のかがり火を囲んで座っている3人の修道僧に遭遇したのです。そのうちの一人は70代に見える初老の男性であり、他の2人はずっと若くまだ20代前半と思われました。彼らは肌が浅黒く髪を短く刈り込んでいましたので、チベットの修道院の絵に描かれていた人々のように見えました。

彼らが身につけていた法服は朱色で、波状で光沢のある織物でした。また、彼らは各々赤・オレンジ・青の縞《しま》模様をした色鮮やかな毛布を持っていました。しかし、身体を暖めるためにその毛布にくるまるのではなく、ちょうどセラーペ（主として中南米の男性が着用する鮮やかな色をした毛布状の長いショールのこと）のように、単にそれを片方の肩から吊り下げているように見えました。私は何と奇妙な服装だろうと思いつつ、かがり火を囲む輪の中に入っていきました。彼らはうなずいて無言のあいさつを交わしましたので、私は彼らと一緒に座りました。

「何もできない。予言通りになるしかないのだ」と年配の修道僧が言いました。そして彼は、頭を下げて目を閉じました。２人の若い修道僧はうろたえているようでした。その２人が私に目を向けたとき、彼らの黒い目の中で炎の光が輝いているように見えました。１人が尋ねました。「私たちに何ができるだろうか？あの地には６百万人が住んでいるというのに――」

私が答える前に年配の修道僧が、まっすぐ私を見つめて言いました。「あの都市で７千人が命を落とすことになっている。それは定めなのだ」２人の若い修道僧の目に涙が溢れました。彼らは年配の修道僧から目を背けました。そして、再び私の方を見て言いました。「私たちに何ができるだろうか？」私は答えました。「あなたたちに何ができるか教えましょう。それは彼らに避難させることです。今すぐ避難させるのです！」

突然夢が終わり、私はびっくりして目が覚めました。身震いしながら夢日記に手を伸ばし、すぐさま夢の中身を書き記しました。再び眠りに就こうとしましたが、どうしても眠れずゴロゴロと寝返りを打つだけでした。その夢の心象とそれによる気持ちの高ぶりがあまりにも強烈すぎて、ぐっすり眠ることなど到底できなかったのです。結局そのあとは、夢の意味を解き明かそうとして何時間もまどろみながら夜を過ごしました。

翌日9月20日の朝、ベッドから起き上がり、いつものように早朝のニュースを聞くためにラジオのスイッチを入れました。しかし、その朝のラジオ放送は、一瞬のうちに私の人生の目的と方向を変えてしまったのです。いつもの放送局に周波数を合わせると、ニュース解説者が、人口6百万のメキシコシティで前夜起きたばかりの巨大地震について説明していました。愕然《がくぜん》とした私は、そのニュースを全て聴いたあと、さらなる情報を求めて他の放送局に周波数を切り替えました。

最初、死者の数は2千人と報告されていました。恐ろしいほどの被害だとは思いつつも、それが夢の中で示された7千人ではなかったことにホッとしていたのですが、それもつかの間でした。救助隊が死者数を記録していくに従い、確認された数が増加していきました。そして、地震による最終確認死者数は、メキシコシティだけで7千人、被害地域全体で2万5千人に達したのです。

私はとてつもない責任を感じました。まさにそれは義務感となって私にのしかかってきたのです。

「私の見るヴィジョンは、私に関わりのない単なる未来の可能性に過ぎない」と考えることが、もはやできなくなりました。未来の出来事を知りながら、それを他の人々に明かさないでいる消極的な傍観者――自分はもはやそのような立場にはいられない、と感じたのです。自分の考えを表に出すか、あるいは黙っているか――今や私のなすべき選択がはっきりと見えてきました。私の行動が人々の生死に関わってくるのです。

しかし、それでもなお私は、パッと素早く行動に移ることができませんでした。今振り返ってみると、あのときは「自分が再び打ちのめされて自己否定に陥ってしまうかもしれない」と考えたのです。結局のところ、自分に何ができるだろうか？私が地図を提示したときに受けた嘲笑はまだ生々しい記憶として残っており、その棘《とげ》は依然として鋭いままでした。

よくあることですが、論理および自己判断の世界とうまくやれないと感じるとき、望む・望まないに関わらず、予言や直感による導きの手が再び現れて、私に現実を直視させるのです。

ふと気が付くと私は水辺にいました。水は水平線の彼方《かなた》まで広がっていて、視界に陸地は入っていませんでしたが、それは海ではなく大きな湖のように思われました。海の匂いがしなかったのです。浜辺を見下ろすと、誰かが砂に書いた文言が見えました。それを読むのにより適切な視野を得ようとして、私はそれから離れるように後ろに下がりました。文言は次のようなものでした。

「予言には二重の目的がある。一つは警告であり、それによって人々は来るべき物事に対する備えをすることができる。もう一つは修正の可能性であり、ある人々が予言を知ることにより、その修正が可能になる」。

目が覚めたとき、私は元気を取り戻していました。あのような気力の充実を感じたのは本当にしばらくぶりでした。それは夢によるメッセージに希望の光を見た最初のケースでした。それどころか、私はそれにより、それまでに受け取ったメッセージすべてに有望性を見いだすことができたのです。

目標が突如具体化したことにより拍車をかけられ、私は、類似した未来のヴィジョンを間違いなく受け取ったと思われる人々を探し始めました。米国および世界各地の至る所にいる予見者・幻視者を調査したのです。そのような人々は100人以上に上りましたが、私は数ヶ月のうちに彼らにコンタクトを取り、直接会うことができない人々とは電話で話しました。

その結果、私の見たヴィジョンと彼らの見たヴィジョンの間に驚くべき類似性があることが分かりました。「地球の変動は対策・準備を要するが、場合によっては回避も可能である」という考えを虚心坦懐《きょしんたんかい》に受け入れた途端、それに基づいて行動しなければならないと思ったのです。

それまでに私は、エドガー・ケイシー、ノストラダムス等、何人かの予見者・幻視者に関する本を読んでいました。しかし、地球の変動について彼らが残した情報はほんのわずかであり、特にノストラダムスの場合は、大部分が謎の中に包み込まれていて幅広く大まかな解釈が可能なのです。

しかし私は、同時代人である直感能力者から提供された情報によって、大いに勇気づけられました。彼らの多くは「近い将来に地球の大規模な変動が起きるという強い感触を得ている」と言いました。しかし、私に示されたような世界各地の変動の完全な詳細を見た人は、誰もいなかったのです。それにもかかわらず「私のヴィジョンと彼らのヴィジョンの間には類似性がある」という事実は、大変価値があると思われました。また、裏付ける証拠があれば、研究者たちが私の予感を集合的認識の傾向の一部とみなして、それに興味を持ってくれるのではないかと考えました。

そこで私は、1982年に作成した地図を引き出しの奥から取り出してホコリを払い、それに興味を示した人々に配布しました。砂上のメッセージが示唆した『人々への警告』を実施するために私と手を携えて行動すること――これを彼らに要請することがその目的だったと思います。しかし、全く思いもよりませんでしたが、誰からも賛同が得られなかったのです。私は以前、「ここ米国でなされた予測が的中するまで、誰も予言には耳を貸さないだろう」と言われました。遺憾ながら、同じ理由づけを再び聞かされることになったのですが、彼らの言うことにも一理あります。

私は孤独感を覚え、自分の進むべき道に自信が持てなくなりました。再び、ヴィジョンを受け入れ難いと感じる状況に戻ってしまったのです。おそらく私の仲間の予見者たちも同様な状態だったと思います。

## 沈黙の代償

その後の数年間、地球の変動のヴィジョンは途切れることなく続き、その都度、より詳しく明瞭な情報を提供してくれました。それは私にとって極めて苛立《いらだ》たしいことでした。私にできることが何もないにも関わらず、なぜそれを見せるのか――その理由が理解できなかったからです。

そして私は、自分が以前考え出した論拠、すなわち「ヴィジョンは、実際の地球の変動を示しているのではなく、ただ単に私たちの社会の崩壊を比喩的に表現しているに過ぎない」に立ち返りました。「おそらく私は、これまでの経験に基づいて、未来の出来事の予見者というよりはむしろ環境保護分野の活動家として働くように導かれたのだろう」と考えたのです。具体的な活動内容としては――核実験・温室効果・戦争・および『身勝手な理由による自然界の冒涜《ぼうとく》・搾取』等の行為によって地球が崩壊の瀬戸際まで追いつめられている現状を、講義等を通して訴え、啓蒙《けいもう》すること――であると思われます。

しかし、実際的であるように聞こえるものの、この取り組み方は、全ての関連要素を適切に取りまとめていません。私は環境問題の専門家ではないのです。それに加えて、「地球で私たちが取っている手段・方法を変えることが必要である」ということを立証するための具体例として『アトランティスの崩壊』を想定する活動家がはたして何人いるでしょうか？

結局のところ最後には、『ヴィジョンで見た地球の変動を人々に警告する必要性』に行き着いてしまうのです。未来の世界地図が手掛かりになる、とは感じていたのですが、それを使って何をするべきかがまだ分かりませんでした。

メキシコでの地震の数年後、活動の主眼を元に戻し、直感力の開発を指導することにしました。地球の変動の夢は続いており、短期的な試みとして、直感力開発コンサルタントとして仕事中毒になるほど働いたのですが、結局それは、煩わしい夢見をなくするための最善の方法ではないことが分かりました。

自分の健康状態が危険にさらされていることが明らかになったため、コンサルタントの仕事は完全にストップして、それを教室で教えるという方向に切り替えました。そして、直感力開発の指導を私の新たなキャリアとして、全力でそれに取り組むことにしたのです。「それは私の時間の建設的な使い方であり、心の力や潜在的直感能力について、長い年月を通じてずっと夢の導師から学んできた貴重な経験の多くを適用することができる」と思われました。

シンシアと私は毎週セミナーを行いました。その結果、私たちの生徒の大部分（90％以上）が、大幅に直感力を伸ばすことができたのです。このセミナーは継続的かつ順調に実施され、私は、それが他の人々に恩恵をもたらすことに満足していました。地球の変動の夢によって夜中に目が覚めたとき、あるいは、片頭痛のためにベッドに入らざるを得なくなったときのみ、私はただ「警告を出そうと試みたけれども、誰もそれに耳を貸さなかった」という事実を思い起こすようにしたのです。

１９８０年代の末から90年代の始めにかけて、私は地球規模の出来事の夢を見続けました。そして、それらがその後の数ヶ月間に現実のものとなり、ニュースとして報道されるのを注視していました——１９８９年10月に起きたサンフランシスコ湾地域の地震、その年の11月に起きたベルリンの壁の崩壊、１９９０年半ばにイラン北西部を揺るがした地震、その後すぐに勃発した湾岸戦争。

これらの出来事全てはまず初めに私が感知したので、私はそれをすぐにシンシアおよびセミナーの生徒たちに告げ、当時発行していた非常に小規模なニュースレターにも書きました。それらの予知は見事に的中したものの、「それが夢の導師の示唆した『人々への警告』とは異なるものである」ということは自覚していました。

私は人生における最も充実した日々を楽しみました——セミナーやワークショップ、私の結婚、友人、家族。そして、夢に現れた壊滅的な地球の変動については、やむを得ないこととして沈黙したのです。しかし、徐々にその代償を払う羽目になっていきました。最初は、破壊のヴィジョンを払いのけるため仕事の量を増やし、以前試みたコンサルタントの仕事に、以前にも増して過密なスケジュールで取り組むことにしました。私は地球変動のヴィジョンのエネルギーを否定的に見ていたのですが、それよりもずっと肯定的な『癒しの仕事』を全体的に増やすことによって、それを乗り越えられるのではないかと考えました。しかし、この方策はいくつかの面でうまくいかなかったのです。

まず初めに、私は何としても地球の変動の恐ろしい夢を締め出したかったのですが、その点についてはほとんど効果がありませんでした。実のところ、来るべき試練・苦難の時期、極移動、陸地の大規模な変化、あがき苦闘している何百万人もの生存者、等に関する夢をもっともっと見るようになりました。

二つめは、当時は日に6人もの顧客と会うという無茶なスケジュールを組んでいたのですが、それによって私の心身は急速に極度の疲労状態に陥っていったのです。当然のことながら、私の体調が悪化し始めました。ほとんど慢性的な過労状態が続くようになり、以前、変性意識状態に頻繁に移行し過ぎたときに発症した激しい頭痛が日常茶飯事になってしまいました。

恐怖に襲われた私は重大な決意をしました。全てのヴィジョンを完全に締め出すこと、そして、それを遂行するために必要なことは何でもする、と決めたのです。これによって健康を回復し、正常な状態を取り戻そうと試みました。

顧客からの依頼は全て断り、私のソース（高次の情報源）との自発的なコミュニケーションはストップしました。そして、祈りと瞑想に集中することによって健康を回復させようとしたのですが、それに懸命になればなるほど、人生が自分のものでなくなるように感じたのです。そしてついに、あの恐ろしい夢が始まりました。

## 恐ろしい夢の始まり

１９９１年９月のある日、特に忙しかった一日が終わったあと私は早めに就寝し、知らぬ間に眠りに落ちました。そこまでは覚えているのですが、その次に思い出すことは、とりわけ鮮明な地球の変動の夢を見て反射的に目が覚めたことです。数分の間、身体を起こして精神の統一を図り、数回深呼吸をしました。そして、できる限り緊張を緩めて再度眠りにつけるように努力しました。

翌朝起床後、シンシアと私は互いの夢の内容を伝え合いました。これは、当然のこととしていつも私たちが行っている日課です。私の前夜の夢の中で最も奇妙かつ不思議だった点は、１９７９年に私が病院で覚醒中に見たヴィジョンに酷似していたことです。

地球の変動のみを見せられたのですが、それらは最初のヴィジョンと同様に、鮮明かつフルカラーで非常に急速に示されました。あたかもモンタージュに基づくビデオを早送りで見ているかのようでした。そのため、映像があまりにも不明瞭になりすぎて、次のヴィジョンに移る前にそれを理解するのがやっとだったのです。

シンシアは「ヴィジョンの順序が重要であり、おそらくは、あなたが夢のヴィジョンに抵抗していることがそれを理解できない理由ではないか」と言いました。不本意ながらそれに同意した私は、その夜眠りに落ちる前に、前夜の夢を理解するのを助けてくれるように夢の導師に頼みました。

半ば望み、半ば恐れていたのですが、その夜再び同じ夢を見せられました。しかしその時は、地球の変動のヴィジョンが前夜よりも遅い速度で現れたので、細かい部分まで理解することができたのです。実のところ、各々の映像が極めてゆっくりと移り変わったため、夜が明けるまでに見たのは最初のモンタージュのほんの一部だけでした。それはまるで、本の裏表紙の要約に目を通してから第一章に戻り、その一語一語を噛《か》み締めるようにゆっくりと読むようなものでした。唯一の問題は、私にとってそれはホラー映画のようなものであり、その全てが現実のように感じられたことです。

私がほとんど半狂乱になり、今後は決して穏やかな夜の眠りが得られないのではないかと思うまで、心身を疲れさせる夢が毎夜続きました。少しでも休息が得られるように願いつつも、ベッドに入るとき私の心は緊張かつ不安な状態にありました。夢は毎夜、前夜終わったところから再開されるのですが、それはまるで夢の本のしおりが、次回までそこの場所取りをしているかのようでした。

このパターンが29夜連続して続きました。その時点まで私は、最初のモンタージュ・ビデオをあらためて続きものとして見せられたのです。それは見るに耐え難いほど詳細なものでした。

この一連の夢の一番初めに覚えていることは、眠りに落ちるとすぐに両手を優しく引っ張られたことです。体外離脱するときは、直前にポンとはじけるような音がするのですが、そのときもそれが聞こえました。そして、半透明で乳白色の光に満ちて輝く天使のような実体が、私の両側に現れたのです。彼らは私の夢の導師たちなのですが、そのときは新たな形態をしていました。

彼らの各々が私の手を掴《つか》んだとき、私は眠っている自分の体から引き上げられたように感じました。そして私たちは、地球を見下ろす外宇宙に至るまでどんどん上昇したのです。

呼吸や推進をするための装置は必要ないようでした。自分の手や腕を見ると、それらは半透明で青と金色に輝いていたので、一瞬私は、自分が死んで幽霊になってしまったのかと思いました。すると、私の内なる声――夢の導師の一人――がそれに対して答えました。

「あなたは体外離脱してアストラル体になり、過去・現在・未来の全てである時間の流れに入ったのです」。

私の見る地球のあらゆるところで稲妻が走っていました。それらは閃光を放ち、凶暴に渦を巻いて大気中に下りていきました。あまりのものすごさに見続けるのが困難なほどでした。それは７月４日の独立記念日の花火を思い起こさせました。地球の夜の側から月が出てくるのが見えましたが、その後方では、漆黒の宇宙に星々が光り輝いていました。そのとき、一つの星が突出して輝きを増したように見えました。

私の背後には太陽がありましたが、私が覚えているよりも一層明るく黄色っぽく感じました。すると、黄白色の巨大なエネルギー・スパイク※が赤々と燃え上がる太陽表面から飛び出しました。それは太陽フレアであり、私のすぐ脇を通り抜けていきましたが、すぐにも地球表面に接触しそうな感じでした。さらに太陽表面のあちこちに黒い部分が見えました。太陽の黒点なのかなと思ったとき、導師たちが答えました。

「そのとおり。太陽の磁気力が増加して磁極の逆転が近づいており、新たな時代への準備を始めている」。

その時点で、光の実体二人は優しく私を導いてベッドに戻してくれました。その夜の体外離脱の旅は終わったのです。それは29夜にわたる恐ろしい夢の始まりであり、次の日の夜にはまた、その続きが再開されました。

※エネルギー・スパイク：太陽から発生した直後のフレアの形状のこと。『スパイク』は瞬間的に上昇・下降するとがった波形の電気信号を意味する。

## 未来の大激変を目撃する

次の日の夜、再度私は、光の実体たちによって地球外に連れ出されました。太陽から目を離し小さな赤い惑星――火星――に焦点を合わせたとたん、急激かつ瞬時にそれに近づきました。私は声を出して言いました。

「この惑星はどんな重要性をもっているのだろうか？」

宇宙を飛行しているとき、火星ほど大きくないけれども非常に明るい青い星が見えました。それは、太陽の背後、遥《はる》か彼方《かなた》の宇宙から現れたようです。私は宇宙空間におけるその位置を推し量るための基準点を探しました。それによってその星の追跡が可能になるのです。どうやらそれは、ある特定の星に向かって移動しているようでした。「あの星の名前は何ですか？」と聞くと、導師は「アルクトゥルス」と答えました。

二人の光の実体に付き添われ、私は火星に向かって移動しました。接近するにつれて、その表面が赤というよりはむしろオレンジ色であることが分かりました。クレーター（隕石孔《いんせきこう》）が表面に点在していました。至るところにがれきのような岩があり、あたかも計画され、対称的配置に基づいて構築されたかのように見える大きな溝がありました。がれきの中には高度に研磨されたものもありましたが、ほとんどは光沢のないありふれたものでした。「今、私は火星を見ているのでしょうか?」と聞くと、光の実体は「これは現時点の火星です」と答えました。

私は火星の表面に近接していました。見上げると、地平線上の低いところを横切っている白く小さな衛星が見えました。私は宇宙空間の奥をじっと見続けていました。なんだか宇宙の特定の場所に視線が引き付けられているように思えたのです。すると明るく青白い星が現れました。

夢の中の時間の経過が早まりました。それはまるで、何もせずに夢の外側からヴィジョンの成り行きを見守っているかのようでした。さらに加速度が上がり、数週間・数ヶ月があっという間に過ぎていきました。

再び宇宙空間の元の位置に戻り、火星を見つめていたところ、惑星全体がその自転軸の周りでふらついているように感じました。そのとたん、自分が火星の裏側に移動したことが分かりました。例の青い星は、さらに明るく輝いてより近づき、それから発せられるエネルギーが勢いを増していました。私は思いました——今、私が観察している火星の動きは、この新たな太陽に関係しているのかもしれない。

再度私は、火星の周りの軌道上にある小さな衛星に気づきました。それは蛇《へび》のようにくねくねと動いていました。そして、まるで突如軌道から押し出されたかのように急に方向を変え、あっという間に宇宙空間に飛び出しました。私にはそれが、将来地球の公転の妨げになるように思われました。

最初の1週間が過ぎても怖い夢は続きました。その終わりは大抵、私が冷や汗をかいて突如目が覚めたときでした。ときにはヴィジョンが加速され、1分経つか経たないうちに数週間が過ぎました。またあるときは、あたかも時計の秒針を見ているかのように、夢における出来事をスローモーションで見せられました。火星の衛星がこれまでになく地球に近づくヴィジョンを数夜連続して見ましたが、夢の導師はそれが『フォボス』であると確認してくれました。

私はフォボスが地球に衝突するのではないかと思いましたが、導師によれば、それは起きないそうです。それが地球に接近するのが見えました。それが地球の大気に突入すると、大気との摩擦によって赤熱しました。しかし入射角が浅かったため軌道がそれて、大気の外層から離れていくように感じられました。

「どうか地球の大気に突入しませんように！」と私は祈りました。私の目は見開かれたままで、心臓の鼓動が聞こえるほど激しく高鳴りました。しかし、幸いなことに、フォボスは地球大気に跳ね返され宇宙の彼方に飛び去っていきました。私は安堵《あんど》のため息をつきました。

私はより近距離で地球を見ていました。フォボスが大気にぶつかって跳ね返った際の衝撃波により、地球全体が振動していました。渦巻くような風が激しく地球表面に吹き付けているのが分かりました。夢の導師が言いました。

「風の速度は時速320km（秒速約90m）に達し、高さ1600m以上の巨大な波が海岸地域を横切って進むだろう」。

巨大な嵐が赤道から北極に向かって進んでいくのが見えました。私は北米がはっきり見

火星およびその衛星フォボス（右側の黒い球体状の部分）

えるほど地球に近づきました。北西部に移動すると、真下にセントローレンス水路と五大湖を確認できました。北の方にはグリーンランドおよび北極との境目が見えました。

北極の氷が急速に溶けて世界中の水位が上昇していました。すると、セントローレンス水路が膨れ上がり五大湖が拡大しました。見る見るうちにセントローレンス水路が細長い内海に、五大湖がそれよりもさらに大きな内海に変わり、水が大西洋から流れ込んでいました。そして、かつてミシガン湖だったところから水が溢《あふ》れて、水路を広げながらミシシッピ川を流れ下り、メキシコ湾に注いでいました。この巨大な水路が米国を二つに分割したのです。

さらに大量の水が五大湖地域から溢れ出して新たな水路を切り開き、中西部を通ってアリゾナ州フェニックスに達しました。「これは将来大いなる河川路となり、新たな根幹人種がそこを通って巡礼の旅をするだろう」と導師が言いました。

北米大陸は二分割され、東海岸地域が米国中央部から切り離されました。西部地域のほとんどは水没し、新たな海岸線が形成されました。それはフェニックスからコロラド州デンバーを通り、ネブラスカ州の西端に伸びています。東側の大陸は、拡大したセントローレンス水路とミシシッピ川によって形成された新たな海、および大西洋によって囲まれています。

南部の海岸線は内陸に向かって数十キロメートルも後退しました。ジョージア州の半分とノースカロライナ州・サウスカロライナ州は水没し、フロリダ州の三分の一も水面下になりました。ニューヨーク、ワシントンD.C.、および北東海岸地域もほとんど同様です。

私は未来の大激変を目撃していたのです。毎夜、地球の変動の様子が事細かに示されました。新たな状況が生まれるにしたがい、それをできる限り記憶するために綿密に観察しました。最初に見せられたのが北米における変動でした。

世界の他の地域は一体どうなっているのだろうか、と思ったところ、第二週目には自分が望んだ以上の光景を見ることになりました。火山の噴火、地震、洪水、陸地の水没等のヴィジョンが毎夜、次から次へと現れたのです。地球上のあらゆる場所に移動して変動の状況を観察しましたが、影響を受けていないところはどこにもありませんでした。

ある夢においては、ヨーロッパ全体が海水面の上昇によって一瞬のうちに水没しました。光の実体はこれについて次のように説明しました。

「地球のこの地域はおおよそ2000年間浄化され、その後再度隆起するだろう。覚えておきなさい。水によって洗浄が行われ、火によって浄化が為されるのです」。

夢の導師の説明によると、ヨーロッパの水没は国々のカルマの結果として起きるのだそうです。なぜなら、人類の歴史全体を通じて多くの戦争がこの地域で行われたからです。直近の大戦争である第一次・第二次世界大戦は、霊性面においても多大な被害を与えました。

中東地域の水没も見せられました。「これもヨーロッパの消滅と同じ理由ですか？」と聞いたところ、「まさにその通りです」という答えが返ってきました。恐ろしい夢は減じることなく続きました。

大西洋と太平洋が白く泡立つのが見えました。以前フロリダで帆走《はんそう》を楽しんでいたとき、突然嵐に遭遇したことがありましたが、そのとき陸地が全く視界から消えてしまったことを思い出しました。風があまりにも強いために波が泡状になり、白く砕ける波頭の下に消えていきます。

突如新たな大陸が、米国東海岸からあまり遠くない大西洋上に、そして、米国西海岸からそんなに遠くない太平洋上に突き上がってきました。他の国々は海に没しました。アフリカは巨大な水路によって三つに分割され、まるで大陸全体にアルファベットの〝Y〟が刻印されたかのように見えます。

カナダは一見して被害を受けなかったように見えますが、中央部のマニトバ州だけは、水面の上昇によってほとんど水没しました。また、オーストラリアは海岸地域の大部分を失いましたが、逆にニュージーランドは隆起してオーストラリアと同じほどに拡大し、それ自体でひとつの小さな大陸になりました。南アメリカは北アメリカから分離され、中央アメリカはその大部分が海に没しました。

私の目の下でゆっくりと回転している地球を見ると、全ての陸地に変動が起きていることが分かります。新たな地球の姿は、見慣れた世界地図と比較してほとんど認識できません。私たちの地球——それはまさに『ニュー・ワールド』です。私は戸惑い困惑しました。これらの変動が何を意味しているのか分からなかったのです。

## 警告を出す覚悟

その後も延々と続いた恐ろしい夢は29日目を迎えました。その日の夜、私は疲労困憊《こんぱい》の状態でベッドに入ったのですが、おそらくその夜も前と同じだろうと半ばあきらめていました。しかし眠りに落ちるとすぐ、それまでと違うことが分かりました。夢の導師に導かれている、というよりもむしろ、エク・カー※と一緒に地球のエネルギーに関するセミナーに出ているような感じだったのです。

この夢の中で私は、第一日目の夜に示された最初のモンタージュの減速版を見ていたのですが、そのとき私に次のように話しかける声が聞こえたのです。数週間にわたる体外離脱の旅を経験したことにより、私は自分の目撃した地球の変動をよりよく理解できるようになっていました。

「今夜私たちは、あなたが目撃した地球の変動の原因とそれが起きる時期について話します。１９９８年から２０１２年の間に終了する周期があるのですが、大変動と呼び得るものはその周期の中で起きます。１９９８年から２００２年は、地球磁場の方向が北からずれ始める時期です。それは一回に６～７度ずつ西方向にずれます。この変化は２回ないし3回生じますが、その原因は地球と宇宙の自然なリズムの中に見出されるでしょう」。

地球の地軸（自転軸）は、地球の公転面に対して垂直に立っているわけではなく、約23・4度斜めに傾いています。ちょうど地軸の北側が指している方向に現在の北極星があるので、地球が自転しても北極星だけはほとんど動かないように見えています。しかし、地軸が指している方向はずっと同じではありません。地軸は公転面に垂直な方向に対して約23・4度異なる円錐面を描くように移動し、約26000年の周期で一回りしています。

そのため、地軸は約2100年ごとにその円周上付近にある恒星（例えば、こと座のベガ）を指すことになり、それが新たな〝北極星〟になります。私たちのほとんどは、黄道帯および黄道十二宮について知っていますが、現在地球は、魚座を出て水瓶座に入りつつあるのです。

さて、29日目の夢の話に戻りますが、私にはさらに多くの疑問点が残っていました。火星の衛星であるフォボスを軌道から外れさせたのは、これらの磁気力だったのでしょうか？はたして私たちの地球は、近い将来、この大激変の時代に突入するように運命づけられているのでしょうか？

すでに『何か』が起きていることは明らかなのですが――。超意識につながる自分の能力が覚醒して以来、私は「異常に過酷な気候――強風・暴風・洪水等――に続く地球規模の火山噴火および海水温の上昇が地球の大変動の前兆となる」という警告を受けていました。一連の恐ろしい夢を見せられた1991年の時点で、これらの出来事はすでに起き始めていました。

「極移動は目下進行中です。それは、北極星に対する地球の核の位置がずれた結果として、1930年代の半ばに始まりました。地震や火山噴火は電磁気力によって引き起こされますが、極移動も同様なのです。プレートテクトニクスに基づく大陸の移動は、単にこれら電磁気力に対する反作用です。

あなたがヴィジョンとして見たものから多くの人びとが助けを得ることができます。他の予見者も、来るべき歳差《さいさ》運動や太陽周期および新たな時代の到来に関する情報を携えて現れることでしょう。多くの人々にとって、それが『平和と大いなる光の千年紀』になるのです。

しかし、これまでたびたびあなたに語られたように、もしも個々人が直感に耳を傾け、人々が霊性に基づく理想を掲《かか》げて新たな共同体を創生するならば、あなたが目撃したような地球の大激変は、低減され和らげられるでしょう」。

「それが起きないようにはできないのですか?」と聞いたところ、次の答えが返ってきました。

「全ては可能なのです。あなたが目撃したのは、現時点で最も実現可能性の高い地球の未来です。人々の意識・行動によって、それが具現化するかどうかが決まります。今すぐに人々に警告を出しなさい」。

目が覚めた私は大声で叫びました。

「何かをしなければならない!何かしなければいけない!」

シンシアは突発的な私の振る舞いにびっくりしたものの、何とか上手く私を落ち着かせてくれました。即刻起き上がって階下に降りた私たちは、一連の夢見の周期について少々詳しく話し合いました。というのは、どういうわけか私には、それが終了したことが分かったからです。

シンシアは前夜が満月だったことに気づき、「夢見の回数である29という数字が何らかの重要な意味を持っているのではないか」と考えました。後でわかったのですが、それは偶然ではありませんでした。私の夢見は月の満ち欠けの周期に従っていたのです。夢の導師は、それが完了したことを私に告げてくれました。

翌日の夜、私の夢は正常に戻りました。もはや地球の変動に関わる夢ではなく、私にとって通常のものでした。ホッと胸をなで下ろした私は、その翌日休暇をとりました。そして、夜になってから夢日記に記された内容にあらためて目を通しました。それはそのまま、地球の変動に関するニュースレターとして発行できそうに思えましたし、それが進むべき正しい方向であることが直感的に分かったのです。

そうは言うものの、以前、夢やヴィジョンの中身を書き物（未来の世界地図）にした際に受けた反感・反発が、その時でもまだ記憶に残っていました。同様の苦い経験を繰り返したくはなかったのですが、ニュースレターであれば大丈夫ではないかと考えました。

「29夜にわたって見せられたことを否定し続けることはもはやできない」私は覚悟を決めたことをシンシアに告げ、人々に警告を出す決心をしました。

※エク・カー：エク・カーはスキャリオン氏の過去生における分身的存在であり、超古代アトランティスの都市、ポセイディアに住んでいる第五レベルのイニシエイト。イニシエイトとは、高次意識への到達を目指して霊性開発に献身し続けている人のこと。詳しくは『未知なる世界編』第6章を参照のこと。

第❸章

# 地球の大変動

## —未来の世界地図—

## 【解説】地球の大変動を回避する方策

前章において、ゴードン・マイケル・スキャリオン氏の見た『恐ろしい夢』の中身をお話しし、スキャリオン氏がその情報をニュースレターによって人々に伝える決心をしたことをお伝えしました。本章前半ではそのニュースレター“Earth Changes Report ECR（地球の変動についてのレポート）”の内容及び、それに対して人々がどのような反応をしたのか――これらの情報をご提供します。

ＥＣＲが最初に伝えた予測情報は、カリフォルニア州において段階的に起きる３つの地震に関するものでした。最初の２つの地震についての予測は見事に的中しました。それは驚くほどの正確さでした。３番目の地震に関しては、タイミングは最初の予測から約８カ月ずれたものの、更新された予測通りに発生したのです。これは米国史上最も被害の大きな自然災害でした。

ＥＣＲがカバーした予測情報は、地震に関するものだけではありませんでした。暴風、竜巻、ハリケーン等についても、ヴィジョンに基づいて予測がなされたのです。特にフロリダに多大の被害をもたらしたハリケーン『アンドリュー』に関する予測は、カリフォルニア地震と同様に、驚くほど正確なものでした。

それらの自然災害はすべて１９９０年代前半に起きたものですが、それらが予測可能であることが、スキャリオン氏によって見事に実証されたのです。

また本章後半においては、まず『未来の世界地図』（Ｐ１２９参照）についての予備的な解説がなされ、地図の建設的な使い方が述べられます。とりわけ、地球全体にわたる大激変の原因と考えられる極移動に関して詳細な説明がなされます。そのあと、変動の詳細が大陸ごとに述べられます。

現時点でニュージーランドは大陸ではありませんが、前章でも述べられているとおり、ニュージーランドは大変動によって陸地が大幅に拡大して７番目の大陸になるため、大陸と同じ見出しが与えられています。そして最後に、『新たな意識に向かって』という見出しの下で、地球の大変動を修正し軽減するための方策が提案されています。

すでに前章において述べられているように、スキャリオン氏は、夢の中で地球上のあらゆる場所に移動して変動の状況を観察しましたが、影響を受けていないところはどこにもなかったのです。もちろん、日本も例外ではありません。日本の変動に関する情報は、スキャリオン氏、エドガー・ケイシー氏、ポール・ソロモン氏、アロン・アブラハムセン氏すべてに共通しています。

中東地域については特に言及されていません。しかし前章において述べられているように、ヨーロッパやアジア・太平洋地域と同様、海に没することになっています。2017年12月に、トランプ大統領がエルサレムをイスラエルの首都と公式に認める発言をしたため、トルコを含むイスラム諸国から大反発を受けていますが、スキャリオン氏によれば、近未来に大規模な聖戦がトルコで始まり、中東地域が火と水による浄化を受けて幕を閉じることになっています。また、このようなトランプ大統領の言動によって、イスラエルが第三神殿の建設に踏み切る可能性が高くなってきたように思われます。あるいはこれがその聖戦の原因となるのかもしれません。

また、エリア51等の米軍極秘軍事基地は、そのほとんどが西海岸と東海岸に位置していますが、『未来の世界地図』においてはその全てが海面下になっています。また、朝鮮半島の大部分および中国の生命線である沿岸地域も水没することになっていますので、北朝鮮のミサイル開発に起因する問題や他の国際紛争につながる問題はすべて自然消滅に至ります。

ところで、前章においてスキャリオン氏は、「1998年から2012年の間に終了する周期があるのですが、大変動と呼び得るものはその周期の中で起きます」と述べています。

日本が経験した未曾有の災害である東日本大震災は、確かにこの周期の中で起きました。しかし、カリフォルニアが水没し、米国本土が二分割されるような天変地異は、幸いなことにまだ起きていません。これは喜ぶべきことなのですが、なぜそうなのか、その理由について少しお話ししたいと思います。

ニュースレターによってスキャリオン氏の啓蒙活動への一般の人々の関心が高まり、その当然の帰結として、スキャリオン氏はテレビ番組・ラジオ番組等に出演しました。特にテレビによって、地球の変動に対する意識が米国各地でさらに高まり、数百万人を超える人々がスキャリオン氏作成の『未来の世界地図』を見たのです。これは大激変後の世界を示す地図であり、北米のみならずヨーロッパを含むユーラシア大陸、アフリカ、太平洋地域、オセアニア等における大変動の結果が示されています。

この地図は、それを見た人々の意識に多大な影響を及ぼします。もしもその数が数百万人を超えるレベルであれば、それが人類の集合意識に与える影響は測りしれません。おそらく、そのような集合意識の変化が未来の予定表に作用し、それ（特に変動の発生時期）に変更を加えたものと思われます。

しかし、現在の世界の状況を見る限り、地球大変動の可能性がなくなったとは考えられません。事実、太陽における異変はさらに加速されているように思われます。2017年の9月7日、超弩級《ちょうどきゅう》の太陽フレアが2回発生しました。とりわけ2度目のフレアは、通常の1000倍以上という超巨大なものだったのです。

その太陽フレアのエネルギーが地球に到達して間もなく、前章の解説でお伝えしたメキシコの大地震（マグニチュード8・1）が起きました。そしてさらに、日本でも熊本県と秋田県で同じ日に不可解な地震が発生していますし、11月12日夜、イラクとの国境に近いイラン西部でもマグニチュード7・3の強い地震がありました。

火山活動も世界各地で増加しています。2020年12月中旬の時点で、インドネシアにある6つの火山、ロシア極東地域に位置する3つの火山を含む19の火山が噴火しています。

この記事の最後に述べられているように、地球の大変動を可能な限り回避し軽減するための最も有効な方策は、私たちと地球との間の霊性に基づくつながりを認識し、地球との関係を調和させることです。

そのためには、常に私たちの意識を地球に向け、私たちを生かしてくれている地球に感謝することが必要です。私が主宰するオリオン形而上学研究所は、その具体的な方法として、9年ほど前から『地球のためのホ・オポノポノ』の実践を提唱してきました。詳しくはオリオン形而上学研究所のホームページ http://www.orion-metaphysics.com をご覧ください。

これはいつでもどこでもできる極めてやさしく簡単かつ有効な方法です。是非とも実行してくださるようにお願いいたします。

## 地球の変動についてのレポート

「来るべき地球の大変動について警告を出す」と決めてから、それに関するニュースレターが実際に発刊されるまでの間に、私は地元だけでなくコロラド州デンバーで開催される『代替科学会議』でも講演をすることになりました。ニュースレターの発行を決めたあと、講演という形式でも地球の変動について話すことにしたのです。そういう次第で私は、自分が夢の中で見た地震・火山噴火・気象異変を人々に伝え始めました。また、『地球の変動についてのレポート（ECR）』という名前のニュースレターを発行することに関しても人々に話しました。

この講演に対する聴衆の反応は圧倒的でした。彼らの大部分は、ヴィジョンに現れた地球物理学的変動についての説明を聞いても不快になったりせず、むしろ私の見解に同意してくれたのです。実際のところ、彼ら自身も「地球の大変動が差し迫っている」と感じていました。ニュースレター創刊号の印刷に取り掛かる前、あるいはそれをどのように配布するかを決める前の時点で、購読の申し込みが洪水のように押し寄せてきたのです。

結局のところ、口コミに基づいてニュースレターを配布するのが最善である、ということになりました。そして1991年10月『地球の変動についてのレポート（ECR）』が発刊されました。

１９９２年のはじめ、私は新たな変動を感知し始めました。大気中に歪みが生じ、それが地球全体を包み込んでいるように感じたのです。それはあたかも地球の電磁場が変化や干渉を受けているかのようでした。「これらの変化は地球の核のずれに起因している」と予感した私は、ＥＣＲに次のような短期的警告を出しました。

●段階的に強くなる３つの地震がロサンゼルス地域を襲うでしょう。
●今後地形の大きな変化が数年にわたって生じますが、この一連の地震がその始まりとなります。
●３番目の地震の規模はマグニチュード８以上でしょう。

３月に入り、ＥＣＲの１９９２年４月号を仕上げている最中に、私は、前述の一連の地震の最初のものが目前に迫っていることを強く感じました。そしてそれについて、より詳細な情報が直感的に得られたのです。私はＥＣＲに次のような最新の警告を出しました。

●50％の確率で３つの地震の最初のものが起きるでしょう。

●その規模はマグニチュード6以上でしょう。
●震源の位置はロサンゼルスの東側でしょう。
●地震は4月17日から4月22日の間に起きるでしょう。

すると案の定、1992年4月22日にマグニチュード6強の地震がロサンゼルスの南東180kmの地点で発生したのです。私は1992年6月号のECRに、2番目の地震に関し次のような短期的警告を出しました。

●震源の位置はロサンゼルスの東ないし東南190〜240kmでしょう。
●その規模はマグニチュード7・6以上でしょう。

1992年6月28日、大地震がカリフォルニア州ランダーズを襲いました。その規模はマグニチュード7・5、震源の位置はロサンゼルスの東側約210kmでした。

私の予測通り、米国における一連の大変動が始まったのです。その結果、非常に多くの人々が私の発信する情報に関心を持ちました。それ以前は、編集・発送業務を行うため我が家のキッチンに小さな仕事場が設けられていましたが、すでに郵便物が溢れかえって我が家を占領していました。その状況に対処するため、17人の人々がこの仕事に係わることになり、ニュースレターの作成のみならず、どんどん届く郵便物や次から次へとかかってくる電話に対応しました。

そして、私たちの仕事に対する人々の反応から数多くのプロジェクトが生まれ、ニュースレターの発行は言うまでもなく、それらのプロジェクトを編成し組織化するための会社「Matrix Institute」が設立されたのです。そのプロジェクトの一つが『未来の米国地図』および『未来の世界地図』の印刷・発行でした。

この状況が続き、私が公に警告した自然災害の大部分が予測通りに発生したものの、そうならなかったものもいくつかありました。３番目のロサンゼルス地震は重要な予測だったのですが、実際には起きませんでした。それはマグニチュード8・3の規模で１９９３年5月9日に起きる、と予測されていました。しかし5月になり、さらに6月になっても、私が予測した規模の地震はその地域で発生しなかったのです。私は次の号のＥＣＲに「３番目の地震の予測は『はずれ』でした」と書きました。それ以前の予測が正確だったのに、なぜ3番目が正しくなかったのか?その理由が分からなかったのです。

そのときは「おそらくヴィジョンの解釈が間違った、あるいは発生のタイミングがずれていたことが原因であり、その地震はまだ起きていないのかもしれない」と考えました。

どんな予見者にとっても、未来の出来事の日付を特定することは常に困難であり、多くの場合それは不可能な仕事なのです。もしかしたら、最初の2つの地震から警告を受けた集合意識が3番目の地震の現実性を変化させたのかもしれません。

夢の導師が述べたように、私たちは自分たちの思考と行為を通じて、出来事や時間の流れを変更することができます。「最初の2つの地震についての知識を前もって得ていたことにより、来るべき出来事の発生を遅らせてその規模を縮小させるのに充分なほどの建設的思考・エネルギーを人々が創り出し、それを地震発生地域に集約させる」ということは大いに可能なのです。

何にしても「地球に何かが起きつつある」ということは私だけでなく誰の目にも明らかでした。3番目の地震の日取りに関する私の予測は『はずれ』だったのですが、それでもやはりそれが近いうちに起きることは感じていました。

1993年末、私はロサンゼルス地域に地震が迫っていることを感知し始めました。そこで、1994年1月号のECRにおいて、「今月の後半に西海岸でかなり大きな地震が発生するでしょう」と述べました。その号が実際に発行されたのは1994年の年明けでした。

１９９４年1月17日、大地震がカリフォルニア州ノースリッジを襲いました。それは垂直突き上げ型の地震（直下型地震）であり、その地域に設置された沢山のセンサーがマグニチュード9・0以上を記録しました。それは地震による異常な揺れが原因だったのですが、記録されたマグニチュードの平均値は6・6でした。この地震による死者は57人、負傷者数は８０００人に達し、被害総額は３００億ドルを超えました。その時点で、これは米国史上最大の被害をもたらした自然災害だったのです。

私が予見したのは地震だけではありませんでした。暴風、竜巻、ハリケーン等の極端な気象攪乱《かくらん》現象も顕著な自然災害としてヴィジョンに現れたのです。そこで私は、１９９２年7月号のＥＣＲに次のように書きました。

「私は昨年末から今年初めにかけてずっと、フロリダが2つのハリケーンに見舞われるだろう、と警告してきました。最初のハリケーンは北緯27度に沿ってバハマ諸島を横切り、フロリダの東海岸を直撃するでしょう。それはフロリダの歴史上最大のハリケーンで、その風速は時速２４０㎞（秒速67ｍ）を超えます」。

１９９２年8月24日、ハリケーン『アンドリュー』がバハマ諸島を横断し、風速毎秒67ｍでフロリダの南東海岸を襲いました。9月のＣＮＮ（ケーブル・ニュース・ネットワーク）によれば、アンドリューは米国史上最悪の自然災害をもたらした、とのことです（その後に起きたノースリッジ地震は被害総額においてアンドリューを上回りました）。

私がＥＣＲを通じて提供した情報に対しては、多大な反応がありました。私が出した警告に関する月例の公開討論会を開催することにより、私が得た新たな情報をタイミングよく公開することが可能になりました。また、私はさまざまな予測をＥＣＲによって公表してきましたが、そのような予測の中で、具現化が差し迫っていると私が感知したものを、あらためて読者に思い起こさせることもできたのです。

実のところ、数多くの読者が、万が一非常事態になった場合でも適切に行動することができました。なぜなら彼らは、そのような状況に対する準備ができていたからです。ＥＣＲの購読者数は全世界で数千人に達しました。そして、ＥＣＲが友人や家族の間で回覧されることにより、さらに沢山の人々がその読者になったのです。

長い年月の間に、私たちは数え切れないほど多くの予測を公表してきました。それには地球の変動だけでなく他のさまざまなテーマについての予測も含まれています。

## 気づきと自覚が解決の鍵

自然災害は、毎週とまではいかなくても月に一度は起きるようになり、破壊的な気候の変動が増加しています。ある地域では洪水、そして別の地域では干ばつが起きています。私が地球の変動についてのヴィジョンを最初に公開しようと試みたのは1982年でした。その時点では、多くの人々にとってそれは笑い事でしたが、もはやそうではなくなっています。

あの時点で私に対して猛烈な批判を浴びせた批評家たちが数人、その後私に連絡を取ってきました。それはロサンゼルス地震やハリケーンに関する私の予測が的中した後のことです。彼らはそろって「あなたの予測が的中するとは全く思っていませんでした。次の予測は何ですか？」と尋ねました。

当時の彼らは私の予測を疑い、それを信じたくないという気持ちを持っていましたが、最終的にそのような固定観念を改めたのです。そのような彼らの信念や心の動揺が私にはよく分かります。私自身でさえ、また、この件に関するヴィジョンを長年にわたって見せられた後でさえも、それを受け入れることが難しかったのです。

これらの大変動が起きて全世界の地図の作り直しが必要となる可能性――以前それは一

旦遠のいたように見えましたが、1997年の今日（原稿執筆当時）では極めて現実的であるように思われます。

カリフォルニア地震およびハリケーン『アンドリュー』についての予測が的中したあと、私たちのところに電話による問い合わせが殺到しました。1993年中は、わずか1ヶ月だけで3万4000本もの電話がかかってきたのです。ここで一つ述べておきたい点は、1993年にECRが発刊されて以来、一回たりとも広告の掲載がなかったことです。

私に対する夢の導師からの助言は「とにかくこの情報を公開すること、そしてその後の展開を霊性の大いなるパワーに委ねること」でした。ニュースレターによって一般の人々の私たちの活動への関心が高まり、その当然の帰結として、テレビ番組・ラジオ番組等への出演を要請されるようになりました。最初は躊躇《ちゅうちょ》したのですが、直感的に考えてそれを受け入れることに決めました。

特にテレビによって、地球の変動に対する意識が米国各地でさらに高まり、最終的には、私たちの啓蒙活動がNBCのゴールデン・アワー特別番組“Ancient Prophecies（古代の予言）”やフォックス・テレビの2つの定時番組である“Sightings（目撃）”および“Encounters（遭遇）”における呼び物になったのです。

もちろんのこと、私たちに手紙を出した人々や電話をかけてきた人々にとっては、彼らの住んでいる地理上の区域で今後一体何が起きるのか――それが気掛かりだったのです。とりわけ、私が作成した未来地図において安全でないことが示唆された場所の人々は「その土地に今後どのくらい長く住み留まれるのかを知りたい」と思いました。私には彼らの苦悩や不安がよくわかりました。私も彼らと同じ苦しみの過程を経てきたからであり、それは今でも記憶に生々しく残っているのです。

私は問い合わせてきた人々に次のように説明しました。

●私が公開した情報は、宇宙から見た地球のヴィジョンです。
●私が作成した未来地図は相対的なものであり、地形学的なものではありません。
●未来地図は、録音された数百回にも及ぶセッションを通じて注意深く調査され、編集されたデータに基づいています。
●未来地図は、厳密に、私が数年間にわたって繰り返し見たヴィジョンを根拠としています。

その頃までに私は一つの規則を設けていました。それは「主題が何であれ、同じヴィジョンを少なくとも３回見ない限り、その情報を公開しない」というものです。そうすることによって、私の情報の正確さを高め、推測・憶測の程度を減らせると考えたのです。

人々に安全な土地に移るように促すのが未来地図の目的ではない——私はこの点も説明しました。一体どんな場所が安全な土地なのでしょうか?水による危険を避けるのは間違いなく賢明なことです。しかし、風による被害、土地の隆起・山崩れについてはどうでしょうか?また、食料・医薬品不足あるいは暴動に対処する方法は?未来地図は、来るべき出来事として私が見たもののパターンを示しているにすぎません。それは、最終的に帰結するすべての出来事や個々の擾乱《じょうらん》・地殻変動を示すわけではないのです。

なかんずくそれは、あなた方自身の直感から得られる助言に取って代わるものではありません。突き詰めていくと、地球のどこに居るべきか、そして、いつそこに移るべきかを決められるのはあなただけなのです。私が確信しているような地球の変動が具現化するのであれば、私たちは自分たちの内面をじっくりと見詰めなければなりません。実のところ、これが地球の変動に対する最善の準備なのです。


どんなことが既に起きつつあるのか——それを見る手掛かりがいくつかあります。1993年と1995年に生じたミシシッピ川の洪水は、小規模ではあるものの、私のヴィジョンに現れた内海に変化して米国を二分割する可能性を確かに示しました。未来地図を公開したとき「未来地図の価値は地球の大変動が本格化して初めて公正に判断される」ということが私にはわかっていました。まさにそれが私の人生における最も困難な時期だったのです。

外部に出て全面的に世間の目にさらされたとき、私への非難・攻撃と支持・後押しの両方が併存していました。人々は地球の変動を怖がっていたのですが、私には彼らの恐れの気持ちがよく理解できていました。私の予知した変動の時期が正確だと仮定して、それが具現化するまでに残されたわずかな期間に、どうしたら人々の恐れの問題を解消できるでしょうか？１９９８年から２０１２年という期間はもうすぐであり、私を中傷する人たちの多くは「私がパニックを引き起こしている」と考えていたのです。

しかし、私が疑念を持ち始めると、すぐに夢の導師が、そっと私を本来進むべき道に引き戻してくれました。「気づきと自覚が解決の鍵なのです」と彼らは言いました。三人の修道僧のヴィジョンが示してくれたように、今こそが人々が意識を変えるべき時なのです。

人々の知見が増すに従って、すべての物事が実現可能になっていきます。ほんの数年前には全く理解できないように思われた社会の大変革さえも、人々が物事を新たな視点で見て決定を下すならば、すぐにでも現実の状況に変わり得るのです。テレビによって数百万人を超える人々が『未来の世界地図』を見ました。彼らの各々がその情報を受け取ったことにより、それが彼ら自身の直感に同調する機会が生まれました。そのような人々は直感的にその可能性を模索します。

私は当初から「ほとんどの人々が地球の変動に目を向けるためには、かなり大きな出来事が実際に起きる必要がある」と気づいていました。ある人々は、カリフォルニア州ノースリッジの大地震や、翌年同日に起こった日本の阪神淡路大震災によって、そのような気づきを得ました。また、ミシシッピ川の洪水からそのような認識を得た人々もいました。それでもなお、大部分の人々が地球の状態に目を向け始めるのには、さらにずっと大規模な災害が必要であると思われます。

どんな予言もそうなのですが、最終的には時間が判定を下します。はたして私たちに、起きる可能性の高い出来事に霊性に基づく方法によって変更をもたらす――そのための時間が残されているでしょうか？　刻一刻と時間が経過していきます。

私は希望を抱き続けますが、同時に、現時点で最も適切と考えられる準備をしています。現在、パートナーであるシンシアと私は地方の田園地帯に居を構えており、自給自足ライフスタイルの実現に取り組んでいます。

## 『未来の世界地図』に関する予備的解説

そもそも、どうして人は未来を予見できるのでしょうか？

私たちすべては、出来事を事前に察知するという経験をもっています。たとえば、電話が鳴ったとき、誰が電話をしてきたのかあるいはどうして電話をかけてきたのかが、受話器を取り上げる前に分かる場合があります。また、しばしば私たちは、夢によって未来を垣間《かいま》見ることができます。夢で宝くじの当選番号を知った人々の話が話題になりますし、空港に着いた途端に虫の知らせがあり、旅程を変更して乗る予定だった飛行機への搭乗を拒否した旅行者たちについての話も耳に入ります。

ある人々は地震が起きる前にそれを察知する能力を持っています。このように、地震あるいは地球の変動に敏感な人々はたくさんおり、その数は数千人に上ります。彼らはこのような変化を自分の身体を通して感知しますが、それは地震発生の数時間前、数日前、あるいは数週間前になされるのです。

学術分野においても、デューク大学やスタンフォード大学のような高名な研究機関において、ＥＳＰ（超感覚的知覚）の研究が行われてきました。その結果、このような能力を自在に発揮する人々にはＥＳＰが備わっている、ということが示されました。

　しかし、このような研究が広範になされてきたにもかかわらず、ＥＳＰが生じる仕組みはまだ解明されていません。科学者たちは「心あるいは精神が存在し、おそらくそれが脳と異なる機能を果たすのだろう」と考えていますが、ＥＳＰのような心の働きについてはまだ何も分かっていないのです。


　地震・ハリケーン・火山活動のような地球の変動が加速するにつれて、人々は地球の変動の予測に強い関心を示すようになってきました。地球の変動のヴィジョンに基づいて私が作成した『未来の世界地図』は、長年にわたって私に与えられたそのような情報の集大成であり、未来に起きる可能性が高い地球物理学的な変化を視覚的に表示したものなのです。監視すべき地域を考慮し、間近に迫った変動を警告するための基準として使われる早期警報体制――そのようなシステムの確立が『未来の世界地図』に基づく情報を共有することにより可能になるものと思います。

　未来予測は最終的なものではなく、あくまでも可能性にすぎません。現時点でも私たちの意識は、控えめに言っても、起きるはずの出来事に対する備えができるように私たちを助けてくれますし、場合によっては、特定の地域における変動を修正することができるのです。

最後にもう一つお話ししておきます。『未来の世界地図』に示された変動地域の地理的精度は絶対的なものではありません。多くの不確定要素が係わるため、それは数kmから数百km異なることもあります。結局のところ、母なる自然および私たち自身の集合意識が最終決定権を持つのです。あなた方が最も関心の高い地域に焦点を当てることができるように、この地図があなた方の直観力を活性化させることを願っています。

## 地球の大変動の原因

この地図に描かれた劇的な変化は、一体全体何によって引き起こされるのでしょうか？

20世紀の半ば、ロシアの科学者たちは、シベリアのツンドラ地帯でびっしりと毛に覆われたマンモスを数多く発見しました。それらの年代は、放射性炭素測定で1万1500年前に遡ります。

それらのマンモスの口の中には未消化の草が残されていました。この事実は、草を食んでいる最中に起きた激変により、マンモスが瞬時にして凍結してしまったことを示しています。極めて短時間――数年ではなく数時間あるいは数分の間――に何かが起きたのです。

この年代のコア試料（地層をドリルなどでくり抜いて採取した堆積土のサンプル）を調べた結果、地球の磁極が突然移動したことが分かりました。これが気候の激変を引き起こして氷河期を終わらせ、海水面を9ｍ以上昇させたのだと言われています。また、この極移動によって、北極地域からの凍結した空気が温帯や熱帯に流れ込み、風速320㎞（秒速約90ｍ）の強風を引き起こしたものと思われます。

その結果、数十メートルもの高さの雪が降り積もり、風の通り道に存在したあらゆるものを凍らせてしまいました。この期間に地球上の種の90％が死滅したものと推測されます。その後1万1500年が過ぎ、人類は再び新たな大激変の瀬戸際に立たされているのです。

地球は自転軸の周りを完璧に平衡の取れた状態で回っているわけではありません。それは特定の周期に基づいてふらつき運動、すなわち歳差運動をしています。そして、その周期の一つは春分点歳差と呼ばれており、2万6000年で大周期が完了します。その中間点である1万3000年の時点で、地球に非常に大きなストレスがかかるため、

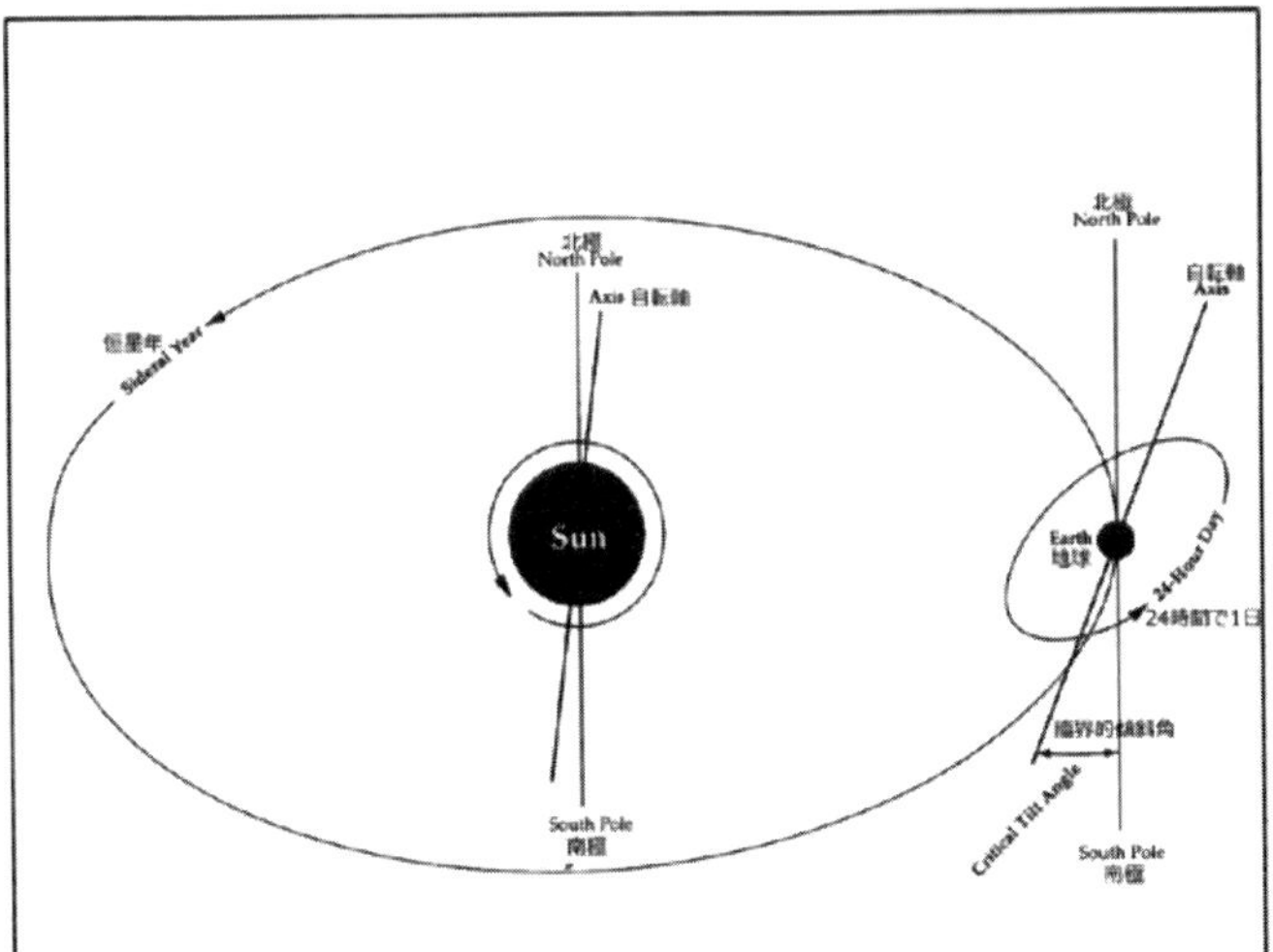


地球の自転軸と地軸によって形成される臨界的傾斜角

ふらつきがひどくなります。

それは脱水サイクルのバランスが崩れた洗濯機にたとえられます。最終的に地球は均衡を失ってぐらつき始め、その結果、地球のリソスフェア（固い岩盤層、プレート）が移動してしまうのです。宇宙空間において地球がひっくり返るのではなく、リソスフェアが、地球の核およびその上に存在する流動的な軟らかい層であるアセノスフェアの上をすべるのです。

地球上に立って空を見上げている人間の視点では、太陽は素早く空を90度横切って進むでしょうが、実際には、マグマ層の上に浮いている地殻全体が滑ったことになるのです。ひとたび極移動が起きると、新たな北極がおおよそ東経110度・北緯45度の地点に形成されるでしょう。それは現在のモンゴル付近の場所です。

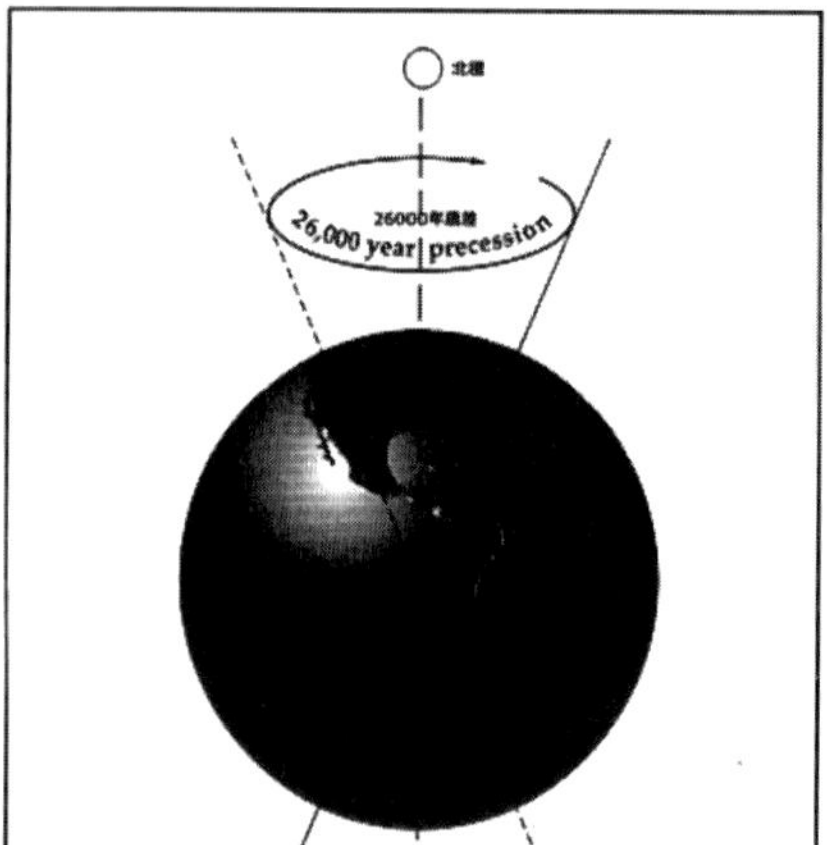


春分点歳差

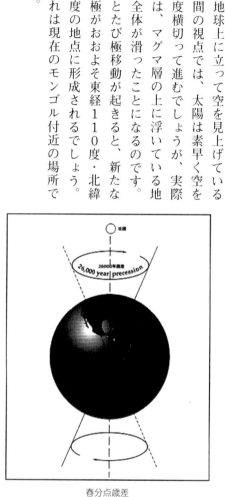

私はこの極移動が『未来の世界地図』に描かれている大激変の根本原因であると考えています。しかし、地球の温暖化、原子力発電や核開発、テクノロジーの誤用等の人的要因によっても極地の氷の溶解は早まります。そしてその結果、地球の不均衡がさらにひどくなり、極移動の可能性が高まるのです。極移動に至る筋書きが構築され、極地の氷の溶解が続けば、ゆくゆくは人々の強制退去や水・資源をめぐる戦争が起きることになります。

結局のところ、決め手となるのは次の二つです。母なる自然および人間の意識が変動の規模・程度を決定します。そして、創造の神である『大いなる一つ』への私たちの意識が高まり「私たちは自然を保護するという聖なる委託を受けている」という自覚が深まれば、『未来の世界地図』が示す大激変の修正が可能になるのです。私たちが常に留意しておくべき点は、「自由意志がある限り、予測は絶対的でない」ということなのです。

## 地球の大変動の詳細

### ●アフリカ

アフリカ大陸は3つに分割されます。ナイル川は著しく拡大します。地中海からガボン（アフリカ西部の大西洋岸沿いでギニア湾の南に位置する国）に至る広大な水路が新たに生まれて大陸を分割します。紅海は拡大し、スーダン地域を通る巨大な水路が新たに切り開かれます。アフリカに生まれる3つの新たな水路は、大陸全体に刻印されたアルファベットの〝Y〟のように見えます。下半分の垂直な水路は南に伸びてケープタウンに至ります。

エジプト、ギザの台地は水没します。しかしそれが起きる前に、考古学上の大発見がなされます。紅海が拡大するためカイロは水没します。マダガスカルのほとんどは海に没します。アラビア海およびケープタウンの北西部に新たな陸地が隆起します。この地域で陸地が突き上がり、新たな山脈が形成されます。ヴィクトリア湖はニアサ湖と合体し、水はそこからインド洋に流れます。アフリカ中東部の海岸地域は水没します。

### ●アジア

アジアを通る環太平洋火山帯は極めて地震の起きやすい地域であり、そのため、最も激

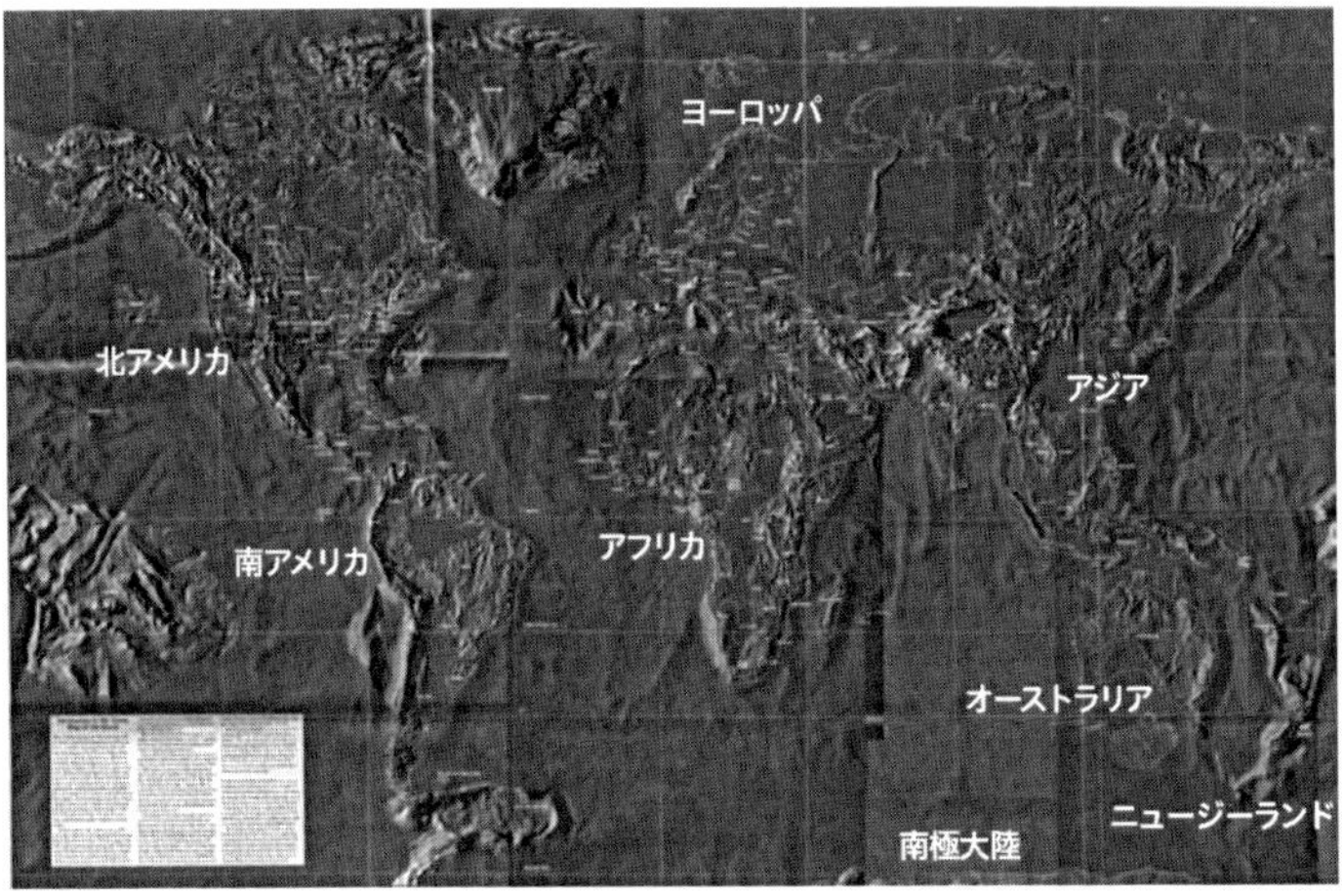


未来の世界地図

しく深刻な変動に見舞われます。フィリピンから日本にかけての陸地は水没します。ベーリング海に至る北部地域（千島《ちしま》列島や樺太《からふと》を含む）も同様です。太平洋プレートの位置が9度ほどずれるため、日本列島は海に沈み、いくつかの小さな島だけが残ります。朝鮮半島の大部分および台湾も海に没します。

　プレートがずれるため、中国の海岸線は内陸に向かって数百キロメートル後退します。いくつかの島が水没を免れて残るものの、インドネシアは壊れてバラバラになり、新たな陸地が浮上します。フィリピンは海中に没します。これらの変動により、アジアは陸地のかなりの部分を失いますが、それに代わって新たな陸地が生まれます。

●南極大陸

南極大陸は生まれ変わり、再び肥沃な土地になります。かつてレムリアとして知られていたこの地域は発掘され、大都市や寺院の跡が発見されます。南極半島からティエラ・デル・フエゴ（アルゼンチン・チリ間の群島）にかけての海域、およびサウスジョージア島に至る東方の海域に新たな陸地が浮上します。

●オーストラリア

オーストラリアは、海岸地域が海面下に沈むため陸地の約25％を失います。アデレード地域はエア湖北部に至るまですべて内海になります。シンプソン砂漠とギブソン砂漠は肥沃な土地になり、霊的原理に基づく偉大な地域共同体が、グレートサンデー砂漠とシンプソン砂漠の間に形成されます。これとは別の入植地がクイーンズランドに生まれます。新たな陸地が南側に浮上します。

●ニュージーランド

ニュージーランドの陸地は拡大し、陸地の隆起と火山活動によって形成される地峡によって再びオーストラリアとつながります。ニュージーランドは新開地になります。

## ●ヨーロッパ

ヨーロッパは最も急激と言えるような大変動に見舞われます。北欧は、それが座している構造プレートが崩壊するため、大部分が水没します。ノルウェー、スウェーデン、フィンランド、デンマークは海面下になり、数百の小島が残ります。

イギリスは、スコットランドからチャンネル諸島にかけて、ほとんどが海に没します。現在のシェットランド諸島（スコットランド北東部の大西洋と北海に囲まれた約１００の島から成る群島）と同程度の大きさの小島がいくつか残り、ロンドンとバーミンガムはその中に含まれます。アイルランドは高地を除き水没します。

カスピ海、黒海、バルト海の合体により生まれる大きな海により、ロシア（旧ソ連）はヨーロッパから切り離されます。ウラル山脈によって分離されるこの新たな海は、シベリアのエニセイ川に至るまで大きく広がります。この地域の気候が温暖になるため、ヨーロッパで必要とされる食糧の多くをロシアから供給することが可能になります。黒海は北海ともつながり、その結果ブルガリアとルーマニアは水没します。

ポーランドからトルコにかけての地域は大混乱に見舞われます。大規模な聖戦が始まり、この地域が火と水による浄化を受けて幕を閉じます。西トルコの一部は水没し、イスタンブールからキプロスに至る新たな海岸線が生まれます。

ヨーロッパの大部分は海に没し、地中海からバルト海にかけての陸地はそのほとんどが失われます。第二次世界大戦の戦場となった地域はその多くが水面下となり、小さな島々が形成されます。フランスの大部分は水没し、パリ近郊だけが島となって残ります。ジュネーブからチューリッヒに至る新たな水路がスイスとフランスを隔てます。イタリアは水路によって分割されます。ベニス、ナポリ、ローマ、ジェノバは海に呑《の》まれますが、バチカンは事前に高地に移ることにより難を逃れます。標高の高い場所は島となって残ります。シシリー島からサルディニア島にかけて新たな陸地が隆起します。

## ●北アメリカ

・カナダ　ハドソン湾とフォックス海盆が拡大し、その結果広大な内海が生まれます。北西地域の海岸線の一部は内陸に向かって320㎞も後退します。ケベック州、オンタリオ州、マニトバ州、サスカチュワン州およびアルバータ州の一部は、大変動初期の期間、カナダにおける生存・救命活動の中心地になります。ブリティッシュ・コロンビアやアラスカからの生存者たちが、この地域に移住してきます。

**・米国**　北米プレートが崩壊するため、地球の大変動は米国でその幕を切って落としま

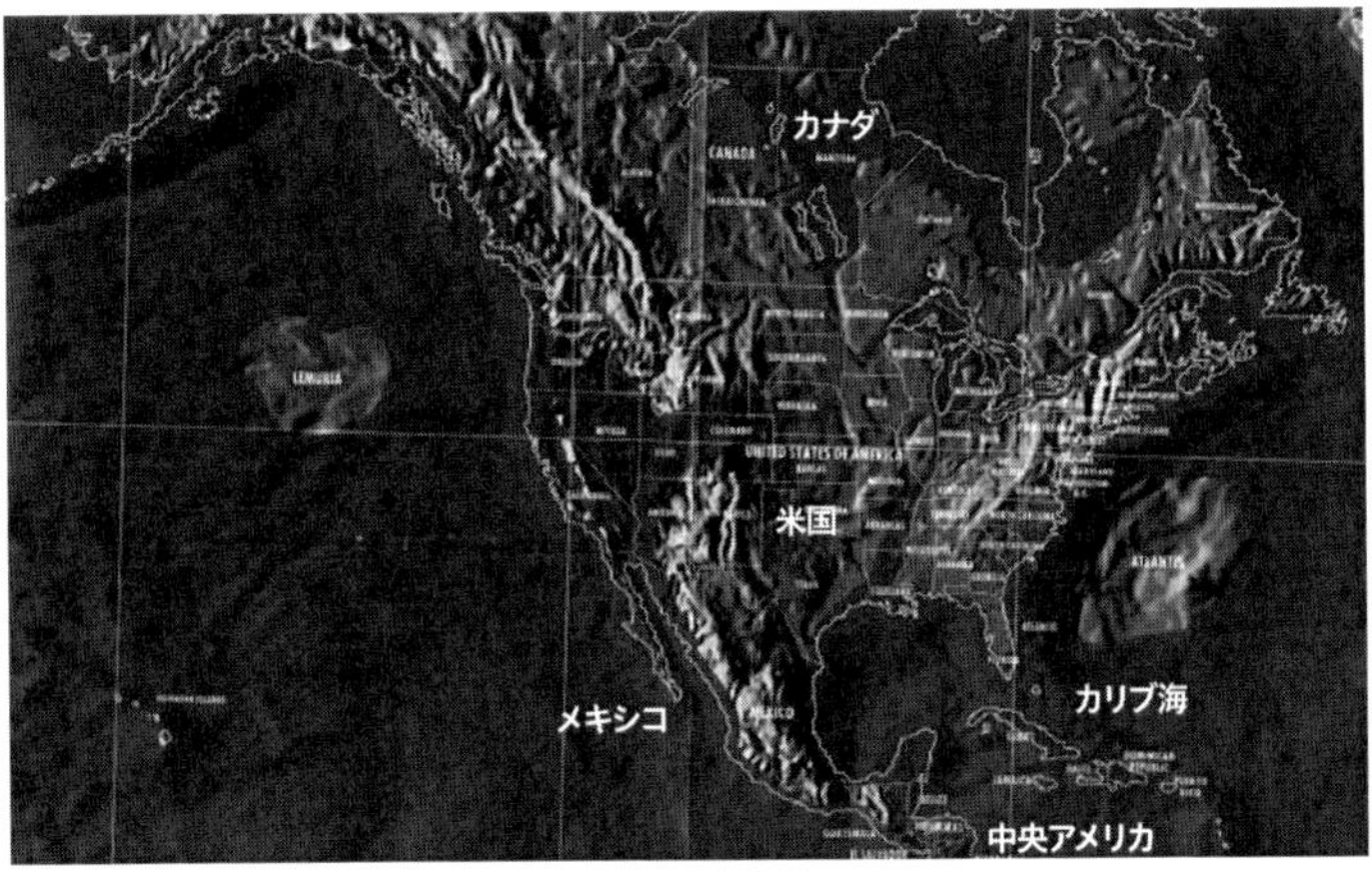


未来の北米地図

す。その結果、１５０もの島から成るカリフォルニア諸島が形成されます。最終的には、構造プレートが崩壊・破砕して海に没するため、西海岸の海岸線は東に移動し、ネブラスカ州、ワイオミング州、コロラド州にまで後退します。五大湖とセントローレンス水路は合体し、海水はミシシッピ川を通ってメキシコ湾に流れます。メイン州（米国最東北部の州）からフロリダ州にかけての沿岸地域は水没し、海岸線は内陸に向かって１０㎞以上後退します。

**・メキシコ**　メキシコの沿岸地域は水没し、海岸線は内陸奥深くまで後退します。カリフォルニア半島は一続きの群島になります。ユカタン半島の大部分は海に没します。火山活動と地震は長期間にわたって続きます。

**・中央アメリカとカリブ海**　中央アメリカは水没し一続きの群島になります。標高500m以上の場所は安全でしょう。ホンジュラス湾からエクアドルのサリナスに至る新たな水路が形成されます。パナマ海峡は通行不能になります。

## ●南アメリカ

南アメリカでは地震や火山噴火を含む激変が生じます。激しく揺り動かされる毛布のように、大陸の端から端まで激烈な変動に見舞われます。ベネズエラ、コロンビア、ブラジルはほとんどが海に没します。アマゾン盆地は広大な内海になります。ペルーおよびボリビアは水没します。ブラジルのサルバドール、サンパウロ、リオデジャネイロ、およびウルグアイの一部は海面下になります。フォークランド諸島も同様です。

大きな内海がもう一つ生まれてアルゼンチン中央部の大部分を呑《の》み込みます。内海を含む新たな陸塊が隆起し、チリの陸地とつながります。

## 新たな意識に向かって

変性意識状態と呼ばれる別の意識レベルにおいては、過去はもちろんのこと未来の世界にも自由に出入りできます。私が37年間してきたように、この通路を塞ぐという選択も可能ですし、私たちの生得の直感力を受け入れることもできます。

私たちすべてにとって、『天空の大いなるコンピュータ』を利用することが、年を追うごとに一層たやすくなっていきます。これは究極のテクノロジーです。大気中に見出される元素を記憶装置として使う――これを心に描いてください。さらに、このスーパー・コンピュータの利用に必要な『端子』がすでに開発済みであり、それが人間の脳であることをイメージしてください。

このスーパー・コンピュータにはたくさんの名前があります。カール・ユングはこれを宇宙意識として言及しましたし、エドガー・ケイシーはこれを集合意識と呼びました。それはまた、サンスクリット語でアーカーシャとも呼ばれます。名前が何であれ、私が変性意識状態で受け取る情報のほとんどは、この知識の源から来ていると確信しています。それはインターネットと非常によく似た仕組みで機能します。実のところ私は「インターネットは意識における次の飛躍への架け橋として開発された」と考えているのです。

あの恐ろしい夢見の後しばらくしてから、私は別のヴィジョンを見ました。その中で私は、活気に溢れ生き生きとした地球を見ることができました。それは極移動の発生後、しばらく経ってからの地球でした。子供たちは笑っており、空気は澄み渡っていて、いたるところがエデンの園のような雰囲気に包まれていました。大規模な変動があったにせよ、地球も私たちもそれを乗り越えていたのです。

太古から予言されてきた『平和の千年紀』は本当に可能でした。近い将来私たちは、自分たちが苦難の去った後の時代に生きていることに気付くことでしょう。与えられた教訓を学び終えたとき、やっと地球上のすべての生物と平和裏に共存することが可能となり、地球が私たちと同様に知覚・感覚のある生命体であることを完全に理解するでしょう。

地球の変動に係わる直感情報に連日対処することは、誰にとっても困難であると思われます。「そのような仕事は他の誰かに任せてしまいたい」とつい思ってしまうのですが、結局のところ、あなた方が真に知る必要のあることを教えてくれる人は、あなた方以外には誰もいないのです。

インタビューを受けた際、私が見たヴィジョンを私自身がどう思っているのか質問されましたが、その問いに対して私は次のような質問でもって応じました。「もしもあなたがある日、いつの間にかヴィジョンを見始めていて、あなたが見たことが具現化していたことに気付いたとしたら、あなたはどうしますか？あなたはそれをどう思いますか？」

自分に起きたことを最終的に受け入れたとき、私は責任感・使命感を覚えました。それを遂行する際、私は主として直感を頼みの綱とし、『人々に対する警告』を続けます。同時に私は、「もしも十分な数の人々がどんな時でも意識を一つにできれば、私がヴィジョンとして見た出来事を軽減し、変えることができる」と確信しています。

いつどの程度の規模で極移動が起きるのか、また、いつ断層が動き始め、それによって土地がどの程度ずれるのか――いったい誰がこれらの点を確実に言えるでしょうか？地域社会全体の意識が一つになれば、このような事象をも大きく変えることができる――私はこのように信じています。意識は天候も変化させることができますし、地球自身の電磁システムと私たちの間の相互作用に変更をもたらすこともできます。とにもかくにも、私たち各々の身体が地球のような電磁体なのです。地球と比べれば非常に小さいことは確かですが、地球上にはそのような電磁体が50億個(注：50億はこの記事執筆当時の世界の人口。現在の人口は約78億)もあるのです。

私の見たヴィジョンによると、１９７０年代初期の時点では、人口のわずか３％が地球との関係を意識するだけで、地球の未来に著しい影響をもたらすことが可能だったようです。皆さんご存知のように、非常に重い物体を『てこの原理』に基づいて持ち上げようとするとき、私たちの位置がその物体に近ければ近いほど、さらに一層力が必要になります。それゆえ予見された地球の大変動の時期が近づくにつれ、年々、私たちの集合意識を変化させるのに必要な人数が増していくのです。

今、そのような変化を実現することが可能でしょうか？ここで再度、私の導師の言葉——気づきと自覚によってすべてが実現可能になるのです——を思い起こしましょう。

この時代において私たちは、ベルリンの壁の崩壊やソビエト連邦の解体を目撃しました。また私たちは月面着陸および地球への帰還を達成しましたし、医学を含む科学技術においてなされた数々の奇跡を見てきました。ですから、まさにすべてが実現可能なのです。

この点を踏まえると、前述の変化を達成するのに必要なことがいくつかあると思います。まず、地球との関係を調和させるために、私たちの生活を調整することが必要です。そして、私たちと地球との間に霊性に基づくつながりがあることを認識しなければなりません。また、私たち相互の間の霊的なつながりも認めて受け入れる必要があります。さらに、私たち自身の直感を信頼し、将来起き得ると心底感じたことに対する備えをしなければなりません。

もしも私たちの現在の生活を真に豊かにすることによってそのような準備がなされれば、たとえその結果変動が起きなかったとしても、失うものは何一つありません。そして必ずや、準備の過程において費やしたものよりも、はるかに価値の高いものを得ることができるのです。

私はこれまでの人生の大部分を地球の変動に係わる物事のために費やしてきました。それはすでに17年以上になります。その結果、私たちの惑星である地球が生命体としてどのように機能しているのか――この点について、それ以前に推測していたよりもはるかに多くを学ぶことができました。

私たちはまた、地球の大いなる意識の一部として幾多の異なるレベルの現実を経験することができますが、私はそのような現実世界にも精通することができました。地球と人間および他のすべての生命形態（目に見えないものも含む）の間のつながりは本当に素晴らしく、まさに驚嘆に値します。

世界の終わりが来るなどと思ったことは一瞬たりともありません。何事にも周期と変化があると確信していますし、まさにこれから大変動・大変化が私たちの世界に起きようとしている、と思っています。

私の導師たちが繰り返し述べたように、私たちの集合意識の在り方によって私たちの未来が決まります。つまり、私たちの日頃の行為と思考が私たちの未来になるのです。私のソースは予言について次のように言いました。

予言が告げるのはあくまで可能性だけです。真に未来を決めるのは誰でしょうか？　それはあなた方なのです。

# 第4章

# ブルー・スター

## —青い星—

## 【解説】ブルー・スターの正体

『未知なる世界編』の第2章『大ピラミッドと記録の間の秘密』において、近い将来二つ目の太陽になる“Blue Star（青い星）”が現れること、および、地球が全部で八つの世界から構成されていることが述べられました。本章ではこれら二つのテーマのうちの最初のものに関する詳しい情報をご提供します。

スキャリオン氏は変性意識状態において、ブルー・スターがシリウスBのコンパニオン・スターであることを知りました。これは伴星（連れ合いの星）のことです。皆さんご存知のように、シリウスはおおいぬ座のアルファ星、全天で21ある一等星の一つであり、太陽を除けば地球上から見える最も明るい恒星ですが、実際はシリウスA及びシリウスBの2星からなる実視連星です。

シリウスAの青白い光は煌々《こうこう》ときらめいていますが、そもそもシリウスという名称は、ラテン語の『セイリオス（光り輝くもの）』に由来するのです。それに対し、シリウスBは白色矮星《わいせい》なので、肉眼では見ることはできません。『未知なる世界編』の第3章『地球外からの訪問者』において、シリウス人とプレアデス人が私たち人類の祖先（地球における初期の根幹人種）であることが述べられていますが、これは、太古の時代から私たち人類がブルー・スターと深い関係にあったことを示唆しています。

実際のところ、この点に言及しているのはスキャリオン氏だけではありません。他の何人かの人々も実質的に同じ内容のことを力説しています。そのうちの一人が英国天文学協会会員のロバート・テンプル氏です。テンプル氏は、代表的著作『知の起源―文明はシリウスから来た』（角川春樹事務所）において、次のような仮説を立てています。

――数千年以上前に、ある生物がシリウス星系から地球にやって来た。紀元前４５００年～３４００年の間にエジプトは、原始時代から高度な文明社会へと急激な変化を遂げたが、これにはシリウス人の援助があった。――

テンプル氏がこの仮説を思い付いたのは、アフリカのマリ（元フランス領スーダン）に住むドゴンという部族が、シリウス星系についての詳細な知識を持っている、という事実を知ったからでした。「ドゴン族は地球に到着したシリウス人に接触した先王朝期のエジプト人の直系の子孫で、彼らのシリウスに関する知識は、祖先がシリウス人から直接に教えてもらったものである」というのがテンプル氏の考えであり、もしもそうでないとすると、ドゴン族が肉眼では見えないシリウスＢやシリウス星系に関するこれほどまでに詳しい知識を遠い昔から語り継いでいる、という事実の説明がつかないのだそうです。

また「1930年代の中頃に地球の核のマントルに対する位置がずれてしまったことが地球の変動の始まりである」とスキャリオン氏は述べていますが、実はエドガー・ケイシー氏もリサーチ・リーディングの中で同じことを述べました。

　ブルー・スターはすでに太陽系内に存在しているのかもしれません。しかし、誰の目にもそれが見えるようになるのは、地球の大変動が終わった後であると思われます。スキャリオン氏が明言しているように、それはまさに光の千年紀であり、真に祝福された時代なのです。それでは、ブルー・スターについての情報をお楽しみください。

## Blue Star　―青い星―

1991年9月、私は地球の変動について衝撃的な夢を毎夜のように見せられました。それは29日間続きました。その一連の夢がきっかけとなって『地球の変動に関するレポート（ECR）』を発行するようになったのですが、それが軌道に乗ったあと私は、その夢を見た期間に書き記したメモをあらためて見直すべきだと考えました。あるいは何か重要な点――さらなる情報を得るのに役立つ初期の警告的兆候のようなもの――を見落としているかもしれない、と思ったのです。

ECRがスタートしたあと、自分の得た情報を公開して討議するフォーラムを立ち上げていましたので、なおさら私はそのように考えました。その時に最初に出てきた詳細情報の一つが『青みがかった星』なのです。地球の変動に関する一連の夢において、私は宇宙空間から火星を見ていたのですが、その時太陽の周辺からその星が現れました。

「この青い星は何なのだろう？」と、私の情報源である導師たちに質問したことがきっかけとなり、天空にこの星が出現するヴィジョン（画像・映像情報）を次々と見ることになりました。このブルー・スターは、私にとってびっくりするような新たな情報でしたが、実のところそれは太古から太陽系の一員であり、地球の変動に深く関わっていたのです。

地球の両極には1万2000年の長きに渡って蓄積した膨大な量の氷が存在しており、それが地球中心部を圧迫していたのですが、その時に太陽系惑星と星々のエネルギーが地球の中心核に与えた影響があまりにも大きかったため、1930年代の中頃、マントル（地殻と中心核の中間部（地下約35～2900㎞）の部分）に対する核の位置がずれてしまいました。当時は大恐慌の只中にありましたので、この経済状態に起因する人類の知的・感情的集合意識が、さらにこのずれを増幅する結果になりました。

そして、第二次世界大戦が始まり、原子爆弾が生まれて地下や大気圏での核実験が実施されるようになったため、核の位置のずれは一層大きくなってしまったのです。地球の自転軸のふらつきもそのときに始まりました。人類の集合意識が要因となり、最初ほんのわずかだったそのずれは、1950年代の後半から60年代の前半までにさらに増大しました。その時真に地球の変動が開始された、と言ってよいでしょう。

地球の大変動や大きな意識上の変化が起きる前、スピリチュアル・フォース（霊性面で大いなる進化を遂げた魂の集合体）は、これらの変動の準備のための助言を私たちに送りました。

１９９８年までの７年周期であるこの準備期は、苦難・試練の期間でした。肉体や心の面において、これらの助言や警告は内なる衝動として感知されます。その後、実際の警告・お告げが夢見の状態において与えられます。そして変動が増大するにつれて、霊的顕現や天の兆しなどの外的徴候が現れます。そのような天空のしるしの一つがブルー・スターなのです。

さてここで、彗星のように規則的な周期に基づいて天空を移動するブルー・スターを想像してください。ただし、この天体は正真正銘スピリチュアル・エネルギーのみで構成されています。すなわち、光の存在だけから成っているこの星は、スピリチュアル・フォースによって明示され顕現されるのです。スピリチュアル・フォース、それは天使すなわち最高レベルの魂の集合体であり、彼ら自身の霊的進化によって一つとなり、人類のための光の源としての役目を果たすのです。

これまでこの星はさまざまな周期で天空を動きました。ある時はゆっくりと通過し、またある時はちょっと止まり、あたかも停止しているように見えました。幾度となく地球を訪れましたが、ごく最近の出現は２０００年前でした。少しの間現れて、瞬く間に天空を端から端まで横切りました。ブルー・スターはあの時、太古からの予言を成就するためにやって来て、人類一人ひとりにその神性を気付かせるという役目を与えられた『神の使者』

の誕生を告げたのです。

　またそれは、1万2000年前にも地球に来て、目前に迫った大洪水とアトランティスの沈没を予告しました。ブルー・スターは2万6000年前にも地球を訪れました。そしてその時、光の源から何人かの天使が三次元物質世界に顕現しました。それは、大師として私たち人類を導き『大いなる一つ』の普遍的法則を教えるためでした。それから『大いなる一つの理法』に基づく人間社会が誕生したのです。

　ブルー・スターは呼ばれるたびにやってきました。人類の進化の節目ごとにその助けが必要だからです。そして、それはもう一度戻ってきます。

## 期限の変更

１９８０年代の後半、人類の大部分が個々の意識を変化させない限り地球の変動が起きる――これを明確に理解した人類の集合意識はブルー・スターに助けを求めました。スピリチュアル・フォースは、地球の変動を先送りにして準備のためのさらなる時間を人類に与えるように要請されたのです。既にストレス下にあった地球の核は地球の変動の引き金を引く役割を与えられていたのですが、その要請に応えるためブルー・スターは、地球の核と人類の集合意識との間の相互作用を遮断しました。その結果、集合意識には５年の追加期間が与えられました。

その５年の間に数多くの人々が覚醒して肉体・精神・霊性の面で地球の変動に対する備えができるように、さまざまなレベルで活動していた霊性面での指導者たちは一致団結して働きました。この時期を遅らせるという干渉はゴムバンドのような役割をしたのですが、限界まで引き伸ばされると、それはしきい値（分岐点）内でのみ安定状態を保ちます。

１９９２年春、そのしきい値が限界を超えてしまったため、ゴムバンドがちぎれてしまったのです。時間切れになり、人類の集合意識が再び変動の引き金になりました。しかし、変動の時期がずれた結果、多くの人々が「来るべき変動の準備をするように」というメッセージを聴き、ブルー・スターの到来とともに一生に一度のまたとない霊的経験をする機会を得ることになりました。

## 神の光が雲間から射す

前述の準備期の間、ブルー・スターは天空にあって見る目を持った人々すべてがそれを見ることができます。科学的見地からすれば、新たな星が天空を横切り、一瞬にして太陽系の外縁に達したように見えるでしょう。天使の領域であるこの星は、物質・非物質を問わず、地球上の全ての存在に救いの手を差し伸べます。自分たちの神性を認める用意のできた人々全ての心は、瞬時に変容を遂げます。

最初多くの人々がこの現象を否定しますが、この世界に生存する全てがブルー・スターからの光を浴びるに従い、より沢山の人々が目覚めるのです。近い将来、全ての人々がブルー・スターの光を見るでしょう。そしてその多くが霊性面のより高い振動を経験するでしょう。これにより、太古からの予言――神の光が雲間から見える――が成就されるのです。

## 変化・変容

地球がブルー・スターの影響下に入るにつれて、人びとは数多くの物質面の変化を経験します。新たな振動のため肉体はより鋭敏になります。地球の固有周波数は倍増し、毎秒15サイクル以上になります。この新たな感受性により、多くの人びとが来るべき変化を感知します。

私たちはこの感じを初期の警告システムとして使うことができます。たとえば、地球の変動の数日あるいは数週間前に血圧や心臓の動悸の変化が感知されますが、これは地球の変動の前触れである電磁気の変化に対する反応なのです。手足や脊柱に電気が走ったような感覚、こむら返り等の手足の筋肉のけいれん、インフルエンザのような症状、片頭痛、強烈な夢体験——これらの多くは象徴的というよりもむしろ実際の警告なのですが——地球の変動に対する身体の感受性が高まった結果なのです。

各々が地球により良く調和するにつれて、このような感受性や反応が形成されます。振動数が変化し新たになる結果、肉体は既に変わり始めていますし、エーテル体やアストラル体のような精妙な体はほとんど完全に変容してしまいます。そしてその結果、生物界すべてが変わり、新たな光の体が創られるのです。

ブルー・スターの光が地球に浸透するに従い、より高い直感力および治癒力が現れてきます。その能力は『より高い認識・洞察力』として最も良く形容されますが、多くの人々がそれを経験します。これらの能力は年を追うごとに倍増していきます。私たちを照らすブルー・スターの輝きが増すにつれて「いっそう優しく、思いやり深く、愛に満ち溢れ、より寛容になりたい」という内なる衝動が湧き上がってくるのです。この時代を通り抜けるために必要とされる全てが与えられます。

前回このような大変化が起きたのは1万1600年ほど前でしたが、あの時はごく少数の人々しか警告に耳を傾けませんでした。今回はどれだけ多くの人びとがそうするでしょうか？

人類の集合意識が変われば、地球もまた変わるのです。古くからの陸地は浄化のために水没し、新たに再生された汚れのない陸地が浮上して生命を支えます。多くの新しい元素が地球の中心核からもたらされ、それらによって地球と調和するテクノロジーが生み出されます。そしてそれらは、人類によって平和の千年紀に利用されます。

1998年以降に生まれたすべての子供たちは、生まれつきのテレパシー能力者であり、それ以前に生まれた子供たちも、その多くが同様の能力を示します。ブルー・スターの影響に基づく地球の振動面の変化を反映して、彼らの肉体もまた変容します。また、地球の変動の結果、地球を支配していた色彩の振動数も変わります。青色、紫色、藍色が次のサイクルおよび根幹人種を支配するのです。

空を見上げると、一つではなく二つの太陽が輝いています。新たな太陽は小さな星、ブルー・スターです。日中は地平線や水平線の上で宵の明星(金星)よりも明るく輝きます。その結果、地球上のあらゆる人種は青みがかった色の皮膚になります。新たな大気と光に順応するため猫のような目に変わり、物質界だけでなく非物質界をも見通せるようになります。

人びとは自分の選択に基づいて、動物や他の生物界及びあちらの世界の存在とも随意にコミュニケーションすることができます。寿命は200歳になり、150歳は現在の50歳に相当します。地球の貯蔵所を利用する若返りの技術が寿命をさらに延ばします。これまでの病気はAIDSを含めすべて消え去ります。これまで憎しみが支配していたところには愛が満ち溢れ、世界のあらゆる場所で笑い声が聞こえます。

これは真の『大いなる目覚め』であり、ブルー・スターの時代、祝福された時代なのです。

## 他の予見者もブルー・スターの出現を予言した

ブルー・スターについての情報を公開して間もなく、私の得た情報に酷似したホピ族の予言を知りました。

青い星カチナが天空にその姿を現すとき、五番目の世界が始まるが、その前に、霊性面と物質面の間の対立に起因する大戦争がある。物質界は霊性のフォース（諸力）によって破壊されるが、霊性のフォースはこの世界にとどまり、創造主から与えられた一つのパワーの下で一つの世界および一つの国を創造する。

マヤ族や他の種族にも類似の予言がありますし、他の予見能力者もブルー・スターについて述べています。多少の違いはあるものの、これらの予言には一貫した類似性が見られます。その代表的な例を左記にまとめました。

●聖母マリアからの最近のメッセージは「私たちの進化の一環として新たな太陽が天空に加えられるであろう」と述べています。

●元英国航空のキャプテンだったジョンは、変性意識状態で『ラマラの大師達』と称されている見えない世界の存在にコンタクトすることにより、様々なメッセージを受け取っています。彼が１９７０年代に得たメッセージは「強大なパワーを持つ星『火の使者』が太陽系に近づくにつれて地球の変動が始まる」という予言です。
●16世紀にノストラダムスは偉大なる星の到来を予言しており「その星は七日間燃え盛り、その時太陽が二つに見えるだろう」と言っています。
●ノストラダムスよりも四世紀前、ドイツの神秘家ヒルデガルドは「『偉大なる国』は大彗星が通り過ぎるとき地震や嵐、大津波に遭うが、それに持ちこたえて持続するであろう」と予言しました。幸いにもヒルデガルドは「その大彗星の通過後に平和の時代が訪れる」と述べています。
●ホピ族の言い伝えによると、西に向かって旅するように創造主から言われた一人の男とその家族は、舞い踊る青い星カチナに導かれて西に向かいました。そして、彼らが定住すべき土地に到着した時、その星は踊るのをやめました。
●北米先住民オジブワ族のサン・ベアーによると、創造者はホピ族に「青い星カチナが戻ってきて彼らの村で舞い踊る」と告げたそうです。

これらの予言が歴史の荒波を越えて今日まで伝えられているという事実は、「それらが私たちの人生に重要な意味・意義を持っている」ということを立証しているように思われます。さらに言えば、ブルー・スターは、私たちのこの時代において、将来の発展・生存

にまで影響を及ぼすほど重要であるのかもしれません。時間が経てば分かることなのです
が――。

## ブルー・スターについての情報

次にご提供するのは、1995年の夏、私スキャリオンが変性意識状態で得たブルー・スターについての情報です（「ソース」とは高次元における情報の源を指す）。

**スキャリオン：**私は1979年以降、次に述べるようなヴィジョンを繰り返し見ています。それについて説明していただけますか？

太陽とその惑星から構成されている私たちの太陽系が、オレンジ色をした別の太陽の周りを回っています。私がこれらの星々の運行を見ていると、小さな星、ブルー・スターが私たちの太陽の裏側から現れました。

**ソース：**それはこれから起きることを示しています。ブルー・スターが戻ってくると、あなた方の太陽系は連星に基づく星系になるのです。

**スキャリオン：**それは、どのように実現するのですか？

**ソース：**全ての星系には周期があります。たとえば太陽の周りを回る地球の周期は比較的短く、現時点では３６５日ですが、数千年あるいは数百万年という長い周期を持っている星系もあります。あなた方の太陽には他の星系に関わる周期もあるのです。それが既知および未知の宇宙空間を運行するとき、別の周期で運行している他の恒星の影響下にも入ります。

ブルー・スターに関連してあなたが見たヴィジョンは、この星があなた方の太陽系に入って来ることにより、ある特定の期間それが連星に基づく星系になる、ということを示しています。

**スキャリオン：**その期間は、以前から予言されている『平和の千年紀』のことでしょうか？

**ソース：**そうです。

**スキャリオン：**ブルー・スターはその期間の後も太陽系に留まりますか？

**ソース：**ブルー・スターはその周期の一環として再び太陽の裏側に姿を消します。すると太陽系の新たな周期が始まります。しかし、それまでの１８００年間、あなた方はそれを見ることができます。

**スキャリオン：**日中および夜間、ブルー・スターはどのように見えますか？

**ソース：**日中は銀色の光を放ち、明けの明星・宵の明星の１００倍の明るさで輝きます。それゆえ、天体の明るさの新たな等級尺度が必要になります。夜間、それは月のようにあなた方を照らします。

**スキャリオン：**「私たちの太陽系がオレンジ色をした別の太陽のまわりを回っている」というヴィジョンの意味・意義を説明してください。

**ソース：**月が地球を回る軌道上、地球が太陽を回る軌道上にあるように、太陽もまたその伴星を回る軌道に乗っているのです。

**スキャリオン：**伴星とは何でしょうか？

**ソース：**伴星は太陽に影響力を及ぼし、パルスを保ってその軌道を維持します。

**スキャリオン：**ブルー・スターは、太陽の伴星ですか？

**ソース：**いいえ、ブルー・スターはシリウスBの伴星です。

**スキャリオン：**もしもブルー・スターが太陽の伴星でないのなら、どの星が太陽の伴星なのですか？

**ソース：**アルクトゥルスです。

**スキャリオン：**私の見たヴィジョンになぜこの星（アルクトゥルス）が現れたのですか？

**ソース：**次の根幹人種は、これらの星々の影響下に置かれるのです。

**スキャリオン：**なぜそれが可能になるのですか？アルクトゥルスは地球から太陽までの距離に比べると非常に遠い星です。

**ソース：**距離は星々の間で働くフォース（諸力）の一部に過ぎません。星々の間の整列状態の方がより重要なのです。

次のように考えてください。あなた方の太陽は地球を含む太陽系内の全てを支配しています。太陽に起きること（黒点、磁気の変化、自転等）は、系内のすべての生命に影響を及ぼします。オーロラすなわち北極光は、これらの影響の一つで目に見えるものですが、電力システムや人工衛星を混乱させるだけでなく、動物や人間にも影響します。

さて、これらは地球から1億5000万キロも離れた太陽で起きるのですが、それにもかかわらず地球に大きな影響を与えます。そして、ちょうど地球が太陽から影響を受けるのと同様に、太陽も他の星々から影響を被るのですが、その周期が重要な局面にあるときは、さまざまな面で、伴星に対する位置に基づく影響を受けるのです。そのような内的・外的影響の結果として太陽からの放射が増減しますが、同様に、太陽系内や系外の他の星々が、それに応じて必要な調整を行うのです。

**スキャリオン：**それは占星学に似ていますね。

**ソース：**占星学はこれらの原理に基づいています。

**スキャリオン：**ブルー・スターとアルクトゥルスは占星図にどのような影響を及ぼしますか？

**ソース：**ブルー・スターが宇宙空間のこの部分に入ってくると、占星面の付加的な助言が与えられます。なぜなら、この新たな太陽は魂に大きな影響を及ぼすからです。

思い出してください。占星学は、作用している潜在力あるいは潜在している行動様式・生活様式等を示すにすぎません。魂だけが自由意思に基づいて結果を決めるのです。月が人間の感情面・情緒面を支配し、太陽が人間の性格・個性を支配するように、ブルー・スターは人間の魂に影響を及ぼします。誤解しないでください。月、太陽や他の惑星が現時点で魂に影響を与えていない、ということではありません。しかし、ブルー・スターはそれらとは違ったふうに影響するのです。

魂は、三次元物質世界および他の次元での転生に基づく経験から学習します。近未来においては、ブルー・スターが太陽系に加わることにより、新たな影響が生み出されるのです。ブルー・スターから発せられる振動により、魂はこれまでよりも容易に神とコミュニケーションできるようになります。

**スキャリオン：**近い将来、地球上の人びとは意識的に自分たちの魂とコミュニケーションすることができる。そういうことですか？

**ソース：**現時点でもそれは可能ですし、これまでも常に可能でした。しかし、ほとんどの人々は潜在的に持っているその力から顔をそむけてきました。彼らのスピリット（魂）が物質界の奥深くに下降してしまったため、霊的な世界よりも物質世界により深く関わるようになってしまったからです。

近いうちにこの状況は変わります。新たな千年紀が転生の先触れになるからです。人は再び神と手を携えて歩めるようになるでしょう。

**スキャリオン：**誰もがそのようになるのですか？

**ソース：**その新しい時代に地球に帰還できる魂にはそれが可能になるのです。

**スキャリオン：**帰還できない魂もいるのですか？

**ソース：**ブルー・スターおよび地球と太陽における新たな振動が、新しい振動世界を創り出します。現時点では全ての魂が地球に入って来ることができます。しかし間もなく、必要とされる霊的条件を整えた魂だけが地球への入口を見つけられるようになるのです。

**スキャリオン：**それは何によって決まるのですか？

**ソース：**それを支配するのは地球に出入りする光線です。現在、それはプリズムのスペクトルに基づく7種類です。

**スキャリオン：**次の千年紀では？

**ソース：**三つになります。

**スキャリオン：**それらは新しい光線ですか？それとも既存のものですか？

**ソース：**現在ある七つのうち三つ――青、紫、藍色の光線が残ります。

**スキャリオン：**それらは輪廻転生にどんな影響を及ぼしますか？

**ソース：**魂に与えられる機会が制限されます。たくさんの種類の光線が存在する今は、どの実体も受肉（誕生）あるいは他の手段によって地球に入ってくることができます。しかし将来は、上記の光線に同調できる魂だけが地球への入口を見いだすことができるのです。

**スキャリオン：**必要とされる振動を開発できなかった魂はどうなりますか？

**ソース：**彼らは新たに創り出された意識世界において教訓を得る機会を見出します。もしも必要とされる振動をそれらの世界で開発すれば、新たな地球に入ることが可能になるのです。

## 急がれる意識の大いなる変革

さて、ブルー・スターの直近の出現から２０００年後の現在、私たちの世界は大変動や激変に瀕しています。

毎日世界中で数多くの戦争・紛争が続いていますし、核兵器は依然として備蓄されたままです。

また、疫病・伝染病も増えています。数年前、世界保健機関（ＷＨＯ）は、抑制が成功しているとこれまで思われていた病気が近年増加傾向にあることを警告しました。私たちの文明は、物質的満足を優先して精神的・霊的真理から顔を背けています。

意識の大いなる変革が急務です。私のヴィジョンが示したように、それを告げるメッセンジャーがもうすぐ現れます。その前回の出現の際、大師（イエス・キリスト）が誕生し、いかにしてそれが可能になるかを教えてくれました。

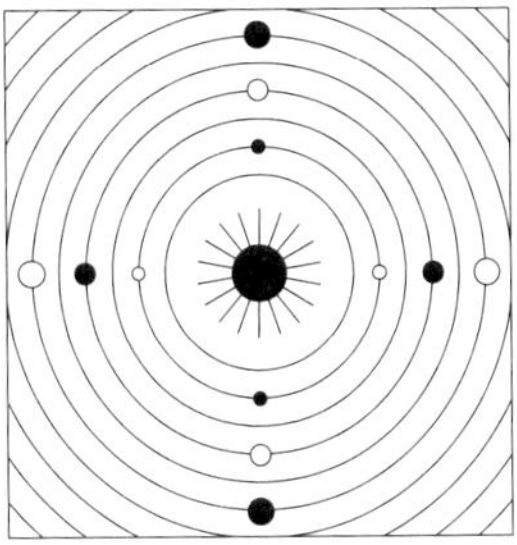

第❺章

# 近未来予測と第三千年紀

## 【解説】光と平和の千年紀に向けて

本シリーズにてご提供してきた形而上学の情報は、すべて、ゴードン・マイケル・スキャリオン氏が変性意識状態において高次元世界から得たものです。そのうちの二つの章を除くすべての内容は、スキャリオン氏の著作“Notes from the Cosmos”に含まれています。

このタイトルの和訳は結構むずかしいのですが、強いて訳せば『宇宙からの情報の覚え書き』になるかと思います。スキャリオン氏は常時枕元にメモ帳を置いていて、起床後すぐに、見た夢の中身を覚え書きとしてそれに書き写すようにしているそうです。おそらくこの本のタイトルはそれに由来するのでしょう。本シリーズの最終章でお届けする情報は、上記の本の最後の章となります。

前半の『近未来予測』においてスキャリオン氏は、1998年以降の具現化が予見された出来事を、分野ごとに簡潔に述べています。その最初の事象である『地球物理的変動』に関しては、とりわけ米国における大変動の様子が非常に具体的に描写されています。

幸いなことに、このような地球の激変はまだ現実のものになっていません。すでに何度もお話ししているように、スキャリオン夫妻による啓蒙活動——月刊ニュースレター『地球の変動についてのレポート（ＥＣＲ）』の発行、講演会、テレビ・ラジオ番組への出演、および前述の本の刊行――によって、数百万人の人々が地球の変動に注意を向けるようになり、それが人類の集合意識に影響を及ぼして、起きることになっていた出来事の時期を変更した。これがその理由であると思われます。

スキャリオン氏は、「集合意識を変えることにより未来の年表に修正を加えることができる」と繰り返し述べていますが、まさにそのような集合意識のパワーが実証された、と言ってもよいかと思います。

２番目の分野は『気象・気候』です。ここでは風の持つパワーや脅威が極めて具体的に述べられています。２０１８年１月18日、ドイツとオランダで秒速30メートル以上の猛烈な風が吹き荒れて、住宅の屋根や壁が飛ばされ、歩行者が吹き飛ばされたり、トレーラーが横転したりする被害が続出しました。テレビのニュースでもその様子が放映されましたので、もしかしたらご覧になったかもしれません。それでも、スキャリオン氏が予見している秒速90メートルに比べればまだまだ生やさしい風速なのですが――。

スキャリオン氏によれば、近い将来、さらにすさまじい強風が常時吹き荒れるようになるそうです。それがさまざまな地域の気温や環境に劇的な変化を引き起こし、その結果、世界中の農業が大混乱に陥ります。そして、水耕栽培場のような人工的に創られた生育環境が食料・薬草生産の助けとなり、一部の小型野生生物を絶滅から救うことになるようです。

『テクノロジー』の分野においては、私たちが現在使っている電気システムが将来使われなくなること、および、定在波エネルギーに基づく新たなテクノロジーが実用化されてあらゆる家電品や通信システムに必要な電力を賄まかなうこと、が述べられています。このテクノロジーは、19世紀から20世紀への変わり目にニコラ・テスラによって最初に開発され、20世紀以降主として軍事目的に使用されているものだそうです。この点は『未知なる世界編』第5章に詳しく説明されていますので、興味のある方は是非ともお読みください。

また、前章のアフリカに関する部分に「エジプト、ギザの台地は水没します。しかしそれが起きる前に、考古学上の大発見がなされます」と書かれています。もしかしたら、これはすでに実現しているかもしれません。なぜなら、２０１7年に大ピラミッド大回廊の上方付近に巨大空間が存在することが発見されたからです。これは、日本のテレビ番組でも詳しく紹介されましたし、それについての論文が科学誌『ネイチャー』にも掲載されました。

スキャリオン氏によれば、大ピラミッドには全部で14の部屋が存在し、そのうちの7つが基礎土台の上側、残りの7つが下側にあるそうです。この点は『未知なる世界編』第2章の記事『大ピラミッドと記録の間の秘密』に詳しく説明されていますので、関心のある方は是非ともご一読ください。

あるいは、今回発見された巨大空間は実際のところ複数個の部屋から構成されていて、すでに存在が確認されている部屋を含めて合計が7つになるのかもしれません。

そして、本章の後半部分は『夢による光と平和の千年紀への旅』となります。本章のタイトルにある『第三千年紀』は3番目の千年紀を意味しますが、そもそも千年紀という言葉自体が、私たち日本人にはあまり馴染みがありません。なぜなら、それは、イエス・キリスト生誕年の翌年を紀元とする西暦に基づいているからです。第一千年紀は西暦1年から1000年まで、第二千年紀は1001年から2000年までの期間でした。

第三千年紀の開始に際しては、世界各地でさまざまな議論がなされたようですが、イギリスのグリニッジ天文台は「2001年から始まる」という見解を公式に発表しています。つまり、私たちはすでに第三千年紀に生きている、ということになるのですが、スキャリオン氏が夢の中で訪れた新しい時代・新しい世界はまだ到来していません。

どうやらそれは、地球の大変動の後に現実のものになるようです。それゆえ、これ以降、来るべき新たな時代を『第三千年紀』ではなく『光と平和の千年紀』と呼ぶことにします。

スキャリオン氏はこの旅において、未来文明の中核となる「ドーム型都市」を訪問します。そこでは、互いに連結された3つのドームから成る住居がさらに大きなドームと中心でつながり、ひとまとまりの居住施設になっていました。これを一単位とする住居の集合体が半径2キロメートル以内の区域に50ほど点在し、これらから構成される共同体全体の中心に1つの巨大なドームが位置していました。この基本的な都市のデザインは、1800万年前に繁栄を謳歌した火星の超古代文明を思い起こさせますが、異なる点が2つあります。

その一つは、光と平和の千年紀のドームが半球で地上に伏せるように設置されていたのに対して、火星の超古代文明の場合はドームが全球で、空中に浮かんでいたことです。

また、光と平和の千年紀の場合、ひとまとまりになったドーム型住居の中心に、より大きなドームが位置していましたが、火星の超古代文明においては、それがピラミッド構造物だったのです。これが二つ目の違いです。火星の超古代文明については、『未知なる世界編』第1章に詳述されていますので、さらに興味のある方はそちらをご覧ください。

ところで、本章の記事の最後に、スキャリオン氏に与えられた奇妙な詩“The Milios”

が掲載されています。それが何を意味するのかは、スキャリオン氏のスタッフの人たちやシンシア・キース氏のみならずスキャリオン氏自身にも、まだわかっていないそうです。しかし、これが光と平和の千年紀への準備をしている人々のためのものであることが、スキャリオン氏の内なる声によって示されましたので、記事の最後に付け加えられたのです。

当然のことながら私にもこの詩を理解することはできません。それゆえこの奇妙な詩“The Milios”は、あえて和訳しないことにしました。この点ご了承ください。もしも直感的にこの詩を解釈することができた、あるいは、この詩から何らかのひらめきが得られたのであれば、是非ともお知らせくださるようにお願いいたします。

それでは本シリーズ最後の情報をどうぞお楽しみください――。

# 近未来予測と夢における特別な旅

これまでの章において「地球の大変動」に関する情報をご提供しましたが、この章では、近未来に具現化すると予測されている他のヴィジョンの中身をお話ししたいと思います。これには地球物理的変動も含まれます。

そしてその後に、夢における「光と平和の千年紀」への特別な旅についての情報をご提供します。この夢において私は、平和で活気に満ちた高次元の地球を見ましたが、それは三次元物質世界の地球とは全く異なるものでした。

この章を含む私の著作“Notes from the Cosmos”の原稿が印刷所に送られる数日前、極めて不可思議で驚くべきことが起きました。ワープロを使って仕事をしていたとき、謎めいた新たな情報が提示されたのです。それは“The Milios”と称されるもので、来るべき千年紀における出来事に関連しているのは明らかでした。

私の夢の導師は、それが何を意味するのか教えてくれませんでしたが、私は直感に基づき、他の誰かがその意味を明らかにしてくれることを願って、それをこの章の最後に付け加えることにしました。

## 地球物理的変動

地球の変動が米国西海岸で本格化するに従い、カリフォルニアから来たたくさんの車が夜の砂漠を蛇のようにくねって進んで行きます。それらのヘッドライトは、暗闇の中でクリスマスツリーの電飾のように数珠《じゅず》つなぎになっています。それらが進む方向はただ一つ。それは東です。そして目的地は高地の砂漠であり、そこには仮設テントから成る共同体が設営の途上にあります。

底面を州兵軍の紋章で飾られたチヌーク型ヘリコプター（軍事用ヘリコプターで、主として物資・人の輸送に使われる。機体が長方形でその上部に２双のプロペラがある）の一団が砂漠の町に着陸すると、この大型ヘリコプターの周りの砂があらゆる方向に吹き飛ばされます。兵士たちがヘリコプターから食糧や医薬品を可能な限り迅速に降ろしています。

この共同体および同じような他の共同体が、アリゾナ・ネバダ州境のちょうど西側のカリフォルニア地域に広がっています。避難者の数は数十万人に及び、その多くは子供や高齢者です。

西部地域における生存者たちの野営地は、ネバダ州、コロラド州、ニューメキシコ州にも設けられていて、救民活動施設は米国の至る所に設置されています。五大湖地域では、アイオワ州、イリノイ州、オハイオ州、ケンタッキー州。北東地域では、バーモント州の南部、マサチューセッツ州の西部、ニューヨーク州の東中央部、ニューハンプシャー州の西部。南部地域では、バージニア州の中央部、ノースカロライナ州の中央部、フロリダ州の北中央部です。

カナダ西部の沿岸地域においては、海岸線が内陸に向かって３００km以上後退していまず。カナダ西海岸から避難してきた生存者たちはアルバータ州に移動中です。カナダ東部の海岸線は、内陸に向かって１５０km以上後退しました。生存者たちの野営地は、ノバスコシア州の中央部、ケベック州、オンタリオ州および五大湖地域に設けられています。

英国では、沿岸地域北東部の山岳地帯が生存者たちの野営地になっています。オーストラリアでは、早めに警報が出されたために、人々は海岸地域から避難することができました。人々の多くが内陸に向かって数百km以上移動した結果、国の中央部の人口が著しく増加しました。

ニュージーランドでは、沿岸地域が他の陸地の水没に起因する津波に呑のまれてしまうため、当初、人々はそこから強制退去させられました。ニュージーランドはさらに陸塊の隆起によって激しい地震に見舞われますが、それにより国土の面積が数倍に拡大します。

　ヨーロッパでは陸地の大半が失われます。手遅れになる前に家から離れることのできた人々は、スペインやスイスの山岳地帯に仮住まいを得ます。南アメリカでは地球の変動が最も長く続きますが、避難者のための野営地が東海岸・西海岸両方の高山に設けられています。

## 気象・気候

現在、世界中の火山の80%が海洋に存在すると推定されています。21世紀以降、これらの海底火山からの噴火が激烈になり、その回数が飛躍的に増加します。その結果、海水の温度が急上昇します。熱せられた海水が水面に達すると大気が大きく変化し、地球の気候パターンに大々的な影響を及ぼします。すなわち、高速の風が生じてそれが陸地に吹き寄せられます。北回帰線と南回帰線の間の地域が、これらの激烈な風に最もさらされます。

時間が経つにしたがい、これらの烈風は植物の自然な成育パターンを変化させます。そして、さまざまな地域の気温や環境に劇的な変化を引き起こすのです。その結果、世界中の農業が大混乱に陥ります。なぜなら、季節の変化に基づく気候のパターンが不安定になる、あるいは、恒久的に変わってしまうからです。

たくさんある植物の種——ある場合は生態系全体——を保護し失わないようにするために、新たな農業技術の開発あるいは植物生育への干渉が必要になります。水耕栽培技術のような人工的に創られた生育環境が食料・薬草生産の助けとなり、一部の小型野生生物を絶滅から救うことになります。このように気候が大きく変わるとき、過去の習慣・基準や傾向に依存するのではなく、相互に協力してその時点の状況・状態に細かな注意を払うことが、生き残るために極めて重要になります。

上記の烈風・強風・暴風のパワーを侮ってはなりません。さまざまな意味でそれは、気候が激変する間、地球の生命にとって最大の脅威になります。というのは、洪水や断層のずれ・地滑り等は確かに最も壊滅的な出来事ですが、それらは局地的に起きる災害であり、比較的短期間に終焉《しゅうえん》します。しかし、大風は陸地における生命活動全体の新たなパターンを決定づけ、受粉の周期、渡り・回遊のパターン、地域降水量等に影響を及ぼします。

野生動植物の多くは気温の劇的変化を切り抜けて生き残ることができません。それは気温の変動幅が莫大《ばくだい》だからではなく、周期の変化が激烈だからです。もはや冬眠のパターンは当てはまりません。多くの植物種の成長周期が乱されてその影響は食物連鎖全体に及び、連鎖の上位にある生物種の多くを絶滅させます。

人類はいろいろな意味で最もその影響を被りやすいのですが、その一方、変動を予期してそれらに備えるのに最も有利な立場にあります。地球により良く同調するとともに、科学技術を適切に理解し応用すれば、気候の変化が私たちの生命維持システムに及ぼす壊滅的な影響を緩和することができるのです。

## 戦争・紛争・対立

トルコで戦争が勃発し、中東全体に広がります。その後間もなく他の国々がこの戦争に巻き込まれ、同盟関係が確立されて第三次世界大戦の様相を呈します。

## 経済

地球の変動と戦争によって、多くの国々が経済不況に陥ります。当初、金と銀の価格が高騰し、金はトロイオンス（約31・１グラム）当たり２５００ドル以上になり、銀価格はさらに上昇してトロイオンス当たり75ドル以上で取引されます。

すべての国で通貨の切り下げが行われます。物価が急騰し、全世界の株式市場・証券取引所が閉鎖されます。スイスを含むほとんどすべての国の銀行で取り付け騒ぎが起こります。

# 政治

陸地が分割されるため、米国は13の植民地に分かれ、各々の植民地は、少なくとも初期段階では、中央政府とのつながりなしに別々に統治されます。ゆくゆくは、植民地を連結するために新たな政府が設立されます。いくつかのカナダの州は、米国北部の植民地に加わりますが、他の州は独立を保ちます。

ロシアは一人の指導者の下で再び農耕社会国家になります。その後反乱が起きて、その結果、霊性面の導師が政治の実権を握ります。同じことがニュージーランドおよび米国の2つの植民地で起こります。英国の国土は縮小して一連の小島になりますが、欧州共同体の生き残った国々に加わり、米国の新たな中央政府に類似した新政府を設立します。その所在地は、ポルトガル沖の大西洋の奥底から隆起する新たな陸地の上になります。

オーストラリアは政治的にはほぼ安定した状態を保ちます。そして、米国の一部、カナダ、アフリカのように、世界の他の地域に食料を供給する主要な生産基地になります。

地球の変動の最初の大波が去った後、人々は治安と自治力の回復に努めますが、そのため人々の関心は政治から離れて、国粋主義・孤立・植民地化に傾きます。全世界の人々は、食料供給や近親者・身内の人々のための医療サービス、居住可能な環境、秩序ある行動の維持、等に一層関心を抱きます。

無政府状態をもたらす暴力行為・略奪等の新たな問題に対処することができないため、たくさんの地域が破壊の憂き目に遭いますが、再組織化が必要であるため、協力と癒しの活動に基づく共同体が数多く生まれます。

## 科学

21世紀以降、科学は医療分野において長足の進歩を遂げ、特に、人体がどのようにして地球の微かなエネルギーによって影響されるのかが解明されます。四肢の切断後21日以内であれば適用可能な四肢再生技術が完成します。化学療法により、近視・遠視の人々の視力が20／20（20フィート（約6メートル）離れたところから3分の1インチ（約8．5ミリメートル）の文字が識別できる視力のこと。日本の視力1．0に相当）に回復します。類似の方法によって、美容を目的とした目の色の変更も可能になります。

# 教育

21世紀以降、米国における教育はかなりの程度民営化されます。地球の変動の最初の大波の後、都市圏は再編成・再組織化に起因する経済的苦難に対処できません。ある地域においては、学校が閉鎖されるため、教育は下請けに出されます。最終的には証《しょう》憑《ひょう》制度が出現し、それが植民地のいくつかにおける基準になるものの、それでもやはり、標準化された教育システムを踏襲する試みがなされます。

他の植民地においては、在宅教育が公然たる支持を受け、新たなコミュニケーション・ネットワークによって連結されてまとまりのあるカリキュラムが提供されるため、双方向的学習が可能になります。特に農村地域においては、個々の在宅学習プログラムの多くが、地域密着型のカリキュラムと融合します。

# テクノロジー

惑星および太陽の磁気力が変化するため、私たちが現在使っている電気システムは将来使われなくなります。地球の持つ自然力——定在波エネルギー——に基づく新たなテクノロジーが開発されます。

19世紀から20世紀への変わり目にニコラ・テスラによって最初に開発され、20世紀全体にわたって主として軍事目的に使用されたこのテクノロジーが、何の努力も要せずに表舞台に登場します。トースターほどの大きさの装置一式だけでこのエネルギー・システムが利用できて、あらゆる家電品や通信システムに必要な電力を賄うことができます。

人工衛星に基づくシステムは、それらを維持運用する資金が枯渇するため、消えてなくなります。自動車は燃料電池推進システムを使いますが、それを個人的に利用できる人はほとんどいないでしょう。

## 都市

地球の大変動による破壊を免れた都市は混乱状態に陥ります。公共サービスを維持する資金がないため、ほとんどの都市における生活の質は、修復不可能なレベルにまで低下します。人々は都市部を離れて田舎に向かいます。また、ある人々は他の国への移住を試みます。

## 健康管理および癒し

太陽磁場・地球磁場の変化により、ＡＩＤＳや結核のような疫病は突如として消え去ります。なぜなら有害細胞は、新たな磁場環境の下でそれら自身を生み出す母体を扶養できないからです。新たな千年紀の初期、天然素材である血液添加剤の発見により、ほとんどの癌《がん》は根絶されます。

全世界の出生率は急速に低下し、さらに人口を減少させます。ヒーラー（治療者）が世界中のあらゆる所に出現しますが、そのほとんどは、患者の身体に手を置いて生命エネルギーを流し込むという『特別の能力』が突如覚醒した人々です。この時期、多くの人々が神からの援助と祝福に目を向けます。

## 霊性

困難な時期が過ぎ去った後、霊性を意識した共同体が各地域に現れ始めます。戦争や紛争は助け合いの精神に取って代わられます。食料は食糧銀行システムを通じて世界全体に分配されます。人々の人生は、結束・調和の精神及びあらゆる生命体を尊重する意識に基づきます。もしもあなたがさまざまな国の指導者たちに「あなたの国の最も価値のある宝は何ですか？」と聞けば、「子供たちです」と力強く答えることでしょう。

テレパシーは、次の千年紀に生まれる子供たちにとって当たり前の能力になります。地球への関心や地球環境に対する配慮の精神は、すべての学校のカリキュラムに組み込まれます。子供たちは、私たちの時代に『神様からの贈り物』と考えられた能力を持って生まれてきます。『青い光線の子供たち』がこの内在の資質を引き出す方法を彼らの両親に教えるので、テレパシーに基づく家族との長距離通信はごく当たり前になります。この能力は、あちらの世界に移行した大切な人々・愛する人々とのコミュニケーションにも使われます。そのため、死に対する恐怖は急速に薄れます。

## 夢による光と平和の千年紀への旅

地球の大変動の後、私たちの世界は一体どのようになるのでしょうか?この点に関するさらなる情報が得られることを願いつつ、私は自分自身を未来に投射しようとしていました。するとそのとき、白色に輝く光が目に入りました。そして、その光の中心からは金色の光線が放射されていました。

私はその光の球をじっと見つめました。すると、子供のような存在がはっきりと認められたのですが、それが男性なのか女性なのかはわかりませんでした。髪の毛が無かったのが少々奇妙に感じられたものの、それには人間の子供とは全く異なる特徴がいくつかありました。

肌はバラのように美しく、セイヨウスイカズラの花のように、青みを帯びたピンク色でした。背中の肩の付近には大きな翼が生えていて、その先端は頭上1m以上、下端は優美な足首の近くにまで伸びていました。翼は綿毛のように柔らかい皮膜からできていて、あたかも皮膚がきめ細かな層状に成長して、羽毛のような柔らかな品質になったかのようでした。身体はスリムで身長は多分1・2メートルぐらいでしょう。

放射されている光をさらによく見ると、その存在（以後『子天使』と呼びます）は類似の他の存在に囲まれていることがわかりました。それらは子天使よりも年配で、20歳代あるいは30歳代の若者のように見えました。彼らにも翼がありました。肌の色は違っていて、ピンク色というよりもむしろ青みを帯びた白色でした。

子天使によって手招きされ、私は前に進みました。そのすぐそばまで行くと、子天使は私に腕を伸ばし、低いけれども耳に心地よい大人の声で言いました。「一緒に来てください。光と平和の千年紀に成し遂げられた驚くべき偉業をお見せしましょう」。その手を取ると、瞬時に私は、子天使や他の翼のある存在たちと一緒に移動していました。

私たちは何の努力も要せず空を飛んでいました。運動しているという感覚は全くなく、空気や風が顔に当たる感じもしませんでしたが、雲が私たちの周りを通過して行き、眼下に地球が見えました。まるで私たちは保護された泡の中にいるようでした。その中にいると、対外的感覚は生じませんが、外部に何があるのかをはっきりと見晴らすことのできるのです。

私たちは地上30～60メートルの高さを飛行しつつ、この時代の未来都市に接近していることがわかりました。

## ドーム型の都市

都市に近づくと、広大な田畑や野原が見えました。農場で生育されている作物は、私がこれまでに見たものよりも背が高く、いっそう青々としていました。建物は全てドーム型で完璧に半球の形状であり、透き通っていました。あたかも巨大な半透明の半球を伏せたかのようでした。都市の中に入ると、いくつかのドームは非常に大きいことがわかりました。それらの表面は、ちょうど太陽光線が水や氷の表面に当たったときのように、キラキラと輝いていました。それはとても美しい眺めでした。

子天使が言いました。「これらは未来の居住施設や生産施設です。使われる資材は、あなた方が野菜を育てるのとほぼ同じ方法で、有機物を培養することによって製造されます。製造に使われる原型によって資材の形が決まり、特定の要求条件を満たすため、設計者によって遺伝子工学に基づくコード化がなされます。殻に相当する部分が冷暖房機能を持つとともに、植物の光合成に似たプロセスを利用した太陽光線集光器としても働きます」。

私はまばゆいばかりのドームに畏敬の念を抱きました。私の周りの至る所に、力強く成長するパワーが感じられました。作物そのもの及び農場で働いている人々のみならず、建物さえも活力に満ちて生き生きとしており、生命力にあふれているのです。

引き続き子天使は、私の目に入るものについて説明してくれました。「ドームの殻それ自身によって発電がなされ、この時代に使われる家庭用装置・設備に必要な全てのエネルギーを供給します。化石燃料を使う装置や設備は何もありません。エネルギーの生産からは何の汚染も生じないのです。他の方法に基づくエネルギー生産は環境保護に関する法に反します。住居等の建物は地域ごとに存在する工場で開発・生産され、各共同体に供給されるのです」。

光と平和の千年紀におけるドーム型都市

ひとまとまりになった居住施設が見渡す限り何キロメートルにも渡って点在しているのが見えます。周囲の環境にあまりにも完璧に溶け込んでいるので、それらはまるで自然の一部として栽培されたかのように見えます。道路や送電線のようなものは全く見えません。

ひとまとまりの住居は、互いにつながっている3つの個別のドームから成っているようです。そしてその中心は、もっと大きなドームにつながっているようです。これら一群の居住施設から構成された共同体の中心には、巨大なドームが1つ存在しています。それは、3つの小さなドームの中心にある大きなドームのほぼ10倍の大きさと思われます。

子天使が言いました。「中央の建物はある種の搬送システムのターミナル駅として機能します」。このターミナルの遠い方の端から直径1・5メートルほどの管状の構造体が出ており、点在しているドームを越えて地平線の彼方に伸びています。おそらくそれは、別のターミナル・ドームや互いに連結された住居群につながっているのでしょう。

管状の構造体は断面が完全な円形で、見掛け上は、支柱・土台無しで地表から浮いているように見えます。その曲面壁は、ドームと同じ半透明の材料でできています。それを通ってある種の乗り物が中央のドームに到着するのが見えます。葉巻の形をしているその乗り物の長さは、多分15メートルぐらいでしょう。

私たちが入っている泡状の乗り物は、都市の上空に静止したまま浮かんでいます。そして、翼のある存在たちは、私が可能な限り全てを観察し終えるまで、辛抱強く待ってくれているようです。

子供たちが屋外の公園のような場所で遊んでいます。あらゆる種類の彫像が、遊び場を飾るために使われています。それらの多くは、20世紀に共通して見られたおなじみの動物たちに似ています。

しかし、奇妙なことに、本物の動物たち――牛・馬・羊等――はどこにも見当たりません。一方で、鳥は至る所にたくさんおり、熱帯雨林に見られる種類と同じほど目の覚めるような色彩をしています。公園にはオウムに似た鳥が数多くいますが、私がこれまでに見たオウムの少なくとも3倍の大きさです。花々もあり余るほど咲いていますが、いまだかつて見たことのないほど多様性に富んでいます。鳥類や植物の新たな種類が光と平和の千年紀の不可欠な要素であることは、どうやら明らかなようです。

先生である大人の女性の周りに集まっている20人ほどの子供たちが目に入りました。彼らは全員、公園の地面の上に座っていて、先生がニューヨークと思《おぼ》しき写真を見せていました。彼女はゆっくりと順番に、さまざまの異なる都市の写真を掲げながら、子供たちに話していました。その中にはパリ、ロサンゼルス、デトロイトが含まれていました。

一人の小さな女の子が手を伸ばしてエッフェル塔の画像に触れました。そのデザインや構造は、このドーム都市に住む子供たちにとって、極めて異質なものに感じられることでしょう。さらに先生は、私たちがよく知っている他の風景の写真を、子供たちに見せました。その一つはスリーマイル島であり、もう一つは多数の煙突から黒い煙がうめくように噴き出している工場、そして3つ目は渋滞した州間ハイウェイで、数キロメートルにわたって数珠つなぎになった車からの排気ガスにより、灰色にかすんでいました。

その公園の他の場所に視線を移したとき、私の目はそこにくぎ付けになりました。10～12歳ぐらいの子供たちと年配者が3対1ぐらいの割合で入り混じった別のグループが、より小さないくつかのグループに分かれて、植物の枝のように見えるものの周りに座していました。その植物はグループごとに異なっていました。

私が入っている泡状の乗り物から見ても、グループごとに白熱した議論がなされていることがはっきりとわかりました。一人一人の顔の表情は非常に生き生きとしていましたが、とりわけ年配者たちが、私の時代に見慣れた同年代の人たちと比べて、格別に活気に溢れているように見えました。一人の高齢者が、木の枝を使った身振り手振りの話の最中に間抜け面をしたのですが、それを見て、子供大人を問わずそのグループ全員が大笑いしているのがわかりました。

私は子天使の方を向いて「皆とても幸福そうですね」と言うと、「その通りです」という答えが返ってきました。「この時代の寿命は３００歳ぐらいですが、その人生のほとんどを人々は幸せに過ごします。光と平和の千年紀には、あなた方が周知の病気は存在しませんし、対立や戦争も見られません。このような恩恵も彼らの笑いに寄与している――そのように思いませんか？」

同意してこっくりとうなずき、私は空を見上げました。それは通常の青ではなく、緑がかった青色と鮮やかな赤紫色の混じった不思議な色調でした。雲は見掛け上白に見えるものの、青みを帯びていて、ほのかなバラ色の色合いも含まれていました。私は子天使の方に向き直り、「今は夏ですか？」と聞きました。すると子天使が答えました。「現在地球のほとんどの地域では、季節は春と夏の２つだけです」。

なぜそうなのかを示すものが何かないかと、あたかもその理由を探すかのように空を見上げたのですが、実際は飛行機のことを考えていたのです。飛行機がどこにも飛んでいなかっただけでなく、より一般的な移動手段である自動車やバス・トラック等も地上に見られませんでした。また、道路もなく、私自身の時代から使い残された遺物や廃墟さえも見えませんでした。

人々は一体どのような方法で移動しているのか、また物品や貨物はどのようにして輸送されているのだろうか、という疑問が生じました。すると、私の心を読んだ子天使が答えました。「都市内であれば人々は歩きます。なぜなら、どこに行くにも長い距離にはならないからです。大きな荷物を移送することはめったにありませんが、そのような場合は、道路等を必要としない空中輸送システムを使うことができます。都市と都市の間を結ぶ管状移送システムが、ターミナル駅につながっていますので、長い距離を移動する場合はそれを利用することができます」。

私はあらためてドームに注意を向けました。この建物の内部はどうなっているのだろう、と思ったとたん、私たちが入っている泡状の乗り物は、最も近い住居群に近づいていました。間近で見ると、ドームにはさまざまな異なるレベルの透明度があるようでした。ある部分には反射特性があって外部からはほとんど鏡のように見えます。他の部分はガラスのように完全に透明で、ドーム内部の人々や家具等がよく見えます。

泡状の乗り物は1つのドームに接近し、その3メートルぐらい上空で静止しました。その中では、1つの家族よりももっと多くの人々が一緒に食事をしていました。大人もいましたがほとんどは子供でした。台所と食事室は、ドームの他の部屋と比べて非常に大きいように思えました。

2人の大人が数人の子供たちと一緒に食事の準備をしていました。ガラスと同じぐらい透明なボウル（深鉢）が、石のような表面をした調理器具の上に置かれており、ゆだっているその中身から蒸気が立ち上っているのが見えました。しかし、コントロール機器のようなものは見えませんし、調理器具が乗っている上面にも表示らしきものが全くありません。

石の調理器具の右側にある調理台の奥に、断面が正方形（1辺の長さ約1・2メートル）である直方体の箱が置かれていました。それにはドアが付いていますので、ある種の冷却器ではないかと思いました。しかし、子供の1人がドアを開いたときに見えたその内部は、普通の冷蔵庫とは全く異なるものでした。側面が白色の装置があり、柔らかな白い光を発していましたが、電球や他の光源は何も見当たらなかったのです。

その他の部分は全て半透明でした。一連の蓋《ふた》つきの大きな容器が中央部を占めていて、その両側にたくさんの棚がありました。大きな容器各々には、野菜や木の実、ある種の穀類等の食べ物が入っていました。食べ物はすべて容器に収納されていて、調味料・香辛料の入った瓶や皿のような食器は何もありませんでした。もしもこれが冷却器のようなものであれば、なぜ液状のものが入っていないのだろう、と疑問に思いました。

別の調理台に目を向けると、一連の半透明のチューブ（直径約2・5センチ）が見えました。それらはパンケースぐらいの大きさの別の装置の側面から突き出ていました。1人の大人がそれに近づいて、グラスを突出部の下の調理台の上に置きました。すると、チューブの1つから液体が出てきて、グラスの4分の3まで注ぎ込まれると自動的に止まりました。

別の部屋では、数人の大人たちが、低い六角形のテーブルの上に置かれている小さな立方体の周りに座していました。そのテーブルは、調理台に使われている石のような物質と同じもので造られているようでした。

その立方体の表面から光が波状に放射されているのが見えました。光の色は、私が1979年に初めて体験したヴィジョンで見たものと非常によく似ていました。あのとき私は、霞《かすみ》が生じて光がホログラフィー像に変わっていくのを見ていたのです。私は数分間その波状の光に焦点を合わせていました。そして、子天使に向き直りました。

こちらの世界で見た物事すべてでもって、私は何らかの理解に達したように思いました。翼のある存在たちは皆うなずいて微笑みました。

子天使が言いました。「一つの時代が終わって新たな時代が始まっても、すべてが失われるわけではありません。終わりというものはなく、その時代の周期が別の周期に融合するだけなのです。光と平和の千年紀においては多くが異なります。しかしそれでも、あなた方が現在大切に思っている物事は持ち越されます。あなたは、光と平和の千年紀に実現する可能性が最も高い物事を目撃したのです。

喜ばしく寛大で思いやりがあり、創造的で癒しの効果をもった愛情あふれる素晴らしい思考形態が、あなた方の世界・あなた方の時代には無数に存在します。これらの思考が、あなたがたった今目撃した世界を創り出します。今日あなた方の社会・あなた方の世界の考えることが、明日現実のものになるのです。

これが、神の化身（イエス・キリスト）の言われた言葉『子供の如くあれ、されば天国に入るであろう』の意味です。光と平和の千年紀はまさにそのような天国になり得るのです。あなた方は未来をどのように選択しますか？」

突如として私は、自分がスタジオに戻っていて、コンピュータの前に座っていることがわかりました。両手を見ると、オーラがエレクトリック・ブルー（青と紫の中間の明るい色）に光り輝いていました。そして、そのオーラから放射されている光が、私の身体から、私がこれまで経験したよりもはるかに遠くにまで伸びていることがわかりました。

この光と平和の千年紀への旅は、これまでに幾度となく経験したような夢の旅ではなかったのです。それ以来私は、この特別の旅についての覚え書きを何度も何度も読み返しました。その度に私は、この夢の旅をあらためて経験します。すると、喜びの気持ちが湧き上がってきて、自然と口元に笑みが浮かぶのです。今回地球に生まれた幸運に本当に感謝しています。

１９９７年の６月、この本"Notes from the Cosmos"を仕上げようとしていたとき、これまでに出版されたニュースレター等の資料のデータ・ベース（コンピュータで迅速に検索利用可能になるように分類整理されたデータの集合体のこと）を細かく調べることにしました。読者の皆さんが興味を持つかもしれない物事が、ほかに何かあるかどうかを確認したかったからです。

コンピュータが検索を終えるのを待っていたとき、何らかの理由でそれが中止されました。そして、その代わりに空白のワープロ文書が開いたのです。私は驚愕し、手を引っ込めて立ち上がりました。なぜならそれは、私が『意図することなしに』起きたからです。心臓が激しく高鳴りました。一瞬私は夢による光と平和の千年紀への旅を思い起こし「再度同じ経験をするのだろうか」と考えました。

外に出て15分ほど散歩してから家に戻り、もう一度やってみることを決めました。もしかするとこの現象は、締め切りまでに原稿を仕上げる必要性、および、それに起因するストレスが原因だったのかもしれません。自分のデスクに戻り、再度データ・ベースのファイルを開いて検索をスタートしました。すると私は、再び意図せずそれを中止して白紙状態のワープロ文書を開いたのです。

明らかに、私の意識の一部が私に何かを伝えようとしていました。すでに述べましたが、コンピュータは高次の意識につながるための先端技術に基づく方法です。それゆえ、それは決してまれな現象ではありません。

19世紀から20世紀への変わり目の頃は心霊主義が盛んで、霊媒の役割をした人々が、自動書記と呼ばれるプロセスを用いて、すでにあちらの世界に移行している愛する人々からのメッセージを引き出しました。「もしかしたら、今起きている現象がそれをするための最新の方法かもしれない」と考えた私は、深呼吸してから再度トライしました。

その結果出てきたものは、過去に引き出されたどのような情報や資料とも異なるものでした。別々の2つのメッセージの組から成り、その各々が一日を中に挟んで提示されましたが、それは、私のみならずスタッフの人たちやシンシアの思考プロセスをも刺激するような内容でした。

私たちは困惑しました。その奇妙な詩が何を意味するのか、今でもわかっていません。しかし、私たち全員が共通に考えたことが一つあります。あのとき私は「光と平和の千年紀」に関する章をまとめていました。それゆえ、これらの詩は、おそらく予言に相当するものなのでしょう。私たちはまた、「この新たな情報には全く新しい目的がある」とも考えました。やはりこの場合も私たちは、それが何を意味するかについては、引き続き偏見を持たずにいようと思います。

当初、この新たな情報は、完成間近の本には入れないつもりでした。しかし、それについてどのようにすればよいかを思索していたとき、絶妙なタイミングで助言が入ってきました。それは、言ってみるならば、私がまさに誤った方向に進もうとしているときによく起きることなのです。

私の内なる声が言いました。「“The Milios（前述の奇妙な詩）”は、光と平和の千年紀への準備をしている人々のためのものです。イニシエイト（高次意識への到達を目指して霊性開発に献身し続けている人）である人々は全てその意味を理解するでしょう。彼らが他の人々を助けられるようにしなさい」。

「この情報を本の最後の章に付け加えるのは正しいことである」というのが私および私のスタッフの一致した見解であり、私の直感は「時の経過と共にいっそう多くの“Milios”が提示されるであろう」というものです。もしもそれが現実になった場合は、それらをニュースレターに含めて読者の皆さんにご提供します。また、もしも“Milios”の解釈に取り組むことを選択された人々から何らかのコメントが届いた場合、それらも一緒にお伝えします。

The First Milios
The ten, standing with pomp and glitter, race to their vaults.
Crowds, angry and wild, storm the shops in reaction.
Who amongst them knew in advance?
The eagle? The bear? The crown? The sun?
Nay, the skies seemed clear, the road straight,
Destiny was not a consideration for this race.

The Second Milios
Fireworks heralded their day,
Returned have eight to prepare the way.
Blue light from beyond sets the course,
As death retreats before Michael's presence.
He'll walk and talk with all those that wish,

Oh what joy, this age shall be!

この詩“Milios”は一体何を意味しているのでしょうか？

私がそれを知るのにはまだ早すぎるようですし、私はついぞそれを完全かつ正確に理解しないかもしれません。もしかすると、それらをあなた方にお伝えするためにこの時期私に提示されたのかもしれません。それによって、直観力開発の次の段階に進み、光と平和の千年紀の集合意識にグループとしてつながるように一緒に働くこと――これが究極の目的である可能性もあります。

私は集合意識のパワーを知りすぎるほどよく知っています。ひょっとすると、“Milios”は新たな意識すなわち光と平和の千年紀の意識への架け橋になるのかもしれません。それは今から数十年後かもしれませんが、誰もがそれにつながることができると思います。

差し当たり、集合的思考の世界を構築することが、これらスタンザ（数行から構成される詩の単位のことで、それぞれのスタンザは同じ行数で同じ脚韻を持つ）の解釈に取り組むことを選択したイニシエイトに与えられた役割なのでしょう。

この世界では、統合された思考のエネルギーにより、私たち一人ひとりが、霊性に基づく考え・想いの巨大な貯蔵庫である『大いなる一つ』に一層たやすくつながることができます。私たちはすべてこの『大いなる一つ』の一部なのです。

# 訳者あとがき

本シリーズ3編は、ゴードン・マイケル・スキャリオン氏の著書“Notes from the Cosmos”に基づいています。直訳すれば『宇宙由来の覚書』のようなタイトルとなります。この本の冒頭の『謝辞』において、スキャリオン氏は次のように述べています。

ポップトップ缶（飲み口が引き上げ式の缶）を初めて見た時、私は非常な感銘を受けました。その時のことは今でもはっきりと覚えています。そのデザインのあまりの簡潔さゆえに、私は「なぜ誰かがもっと早くこのアイディアを提示しなかったのだろう」という素朴な疑問を持ちました。何事にも潮時というものがある……これがあの時私が推測したことでした。すべての準備ができれば、何事も驚くほどやすやすと世に出ていけるのです。缶のデザインを完成させるのには数年かかったようですが、それは、主だった数人の人々の熱心さによって初めて達成されたのだそうです。

“Notes from the Cosmos”についても同じことが言えます。その最初の草稿を作成するのに6年以上かかりました。ポップトップ缶の場合と同様、有能かつ洞察力のあるごく少数の人たちが、私を助けて長い時間懸命に働いてくれました。そしてこのプロジェクトを完了させてくれたのです。もしもその人たちの献身的な努力が無かったならば、あなたがこの本を読むことはなかったでしょう。

本書の場合もまったく同様です。私が“Notes from the Cosmos”の翻訳をスタートしたのは2012年のことでしたが、それは途中でストップしてしまいました。内容が形而上学的で難解だったことがその主たる理由です。

しかし、不思議な縁でそれが2015年に再開される運びになりました。月刊情報誌『ザ・フナイ』掲載の記事を執筆するという機会を頂いたためです。これが毎月原稿締め切り日を伴うノルマになり、そのため翻訳が着実に進むことになりました。この機会を与えて下さった船井かおり氏（当時の『ザ・フナイ』副編集長）には本当に感謝しています。

“Notes from the Cosmos”に基づく記事の連載は2018年の春に終了し、その後、編集責任者としての仕事が船井氏から赤塚万穂氏にバトンタッチされましたが、『ザ・フナイ』への連載は途切れることなく続いています。“Notes from the Cosmos”の連載記事を単行本にするというアイディアは、船井かおり氏が最初に出して下さったのですが、さまざまな事情でなかなか具体化しませんでした。しかし、赤塚万穂氏がきれい・ねっとの山内尚子氏を紹介してくださったことで、やっとこのプロジェクトが前に進むことになったのです。
まさにスキャリオン氏が言及した諺「何事にも潮時というものがある」の通りです。山内氏が、連載記事の内容に基づいて3編に分ける、という素晴らしいアイディアを出して下さり、それに伴う手間のかかる編集をしてくださったおかげで、このプロジェクトが完了に至りました。その実現に寄与して下さった船井かおり氏、赤塚万穂氏、山内尚子氏に、あらためて心から感謝の意を表したいと思います。

金原博昭

2021年　新春

著者紹介

# ゴードン・マイケル・スキャリオン
Gordon Michael Scallion

未来予見者かつ形而上学・意識研究分野の第一人者であり、ベストセラー“Notes from the Cosmos : A Futurist's Insights Into the World of Dream Prophecy and Intuition”の著者。電子工学を専攻。
1979年に健康上の危機に見舞われことをきっかけに自己再発見に導かれ、1982年に究極的に高次の意識（超意識）に繋がる能力が覚醒し発動した。
現在は配偶者兼仕事上のパートナーであるシンシア・キース氏と共に、米国北東部ニューハンプシャー州に在住。両氏はこれまで、形而上学分野の研究結果を本およびオンライン情報誌を含む種々の情報媒体で出版すると共に、全国ネットのテレビ番組やラジオ番組にも幾度となく出演してきたが、数年前にこれらの啓蒙活動から引退している。

訳・解説

# 金原 博昭
（きんぱら ひろあき）

東北大学理学部物理学科卒。米国に本社のある多国籍複合企業TRWに35年間在籍し、主として企画・営業に従事。現在鎌倉に在住、数学および神聖幾何学を含む超古代科学の研究、タロット・カバラーの学習と実践、形而上学分野の書籍の翻訳や情報の発信等に専心している。5年以上にわたり月刊情報誌『ザ・フナイ』の連載記事を執筆。
オリオン形而上学研究所を主宰
http://www.orion-metaphysics.com
主な訳書：『高次元存在ラマ・シングに聞く：死後世界へのソウルガイド&ナビゲーション』（徳間書店）、『あなたもペットと話せます』（Kindle本：オリオン形而上学研究所）。

きれい・ねっと
この星の未来を創る一冊を

# 時を超える予言
## 3 近未来予測編


2021年3月11日　初版発行

著者　ゴードン・マイケル・スキャリオン
訳・解説　金原博昭
発行人　山内尚子
発行　株式会社 きれい・ねっと
〒670-0904　兵庫県姫路市塩町91
TEL：079-285-2215 / FAX：079-222-3866
http://kilei.net

発売元　株式会社 星雲社（共同出版社・流通責任出版社）
〒112-0005　東京都文京区水道1-3-30
TEL：03-3868-3275 / FAX：03-3868-6588
デザイン　小林昌子




ISBN 978-4-434-28611-7